감사, 행복의 샘

감사,
행복의 샘

아름다운동행✲

Contents

감사의 DNA가
생성되길 바라며

하박국 선지자는 절망 가운데 꿈과 희망의 노래를 불렀습니다. 그들의 현실 환경 속에는 여러 가지 어려움과 문제가 있었지만 주님 안에서 거룩한 꿈과 희망을 품고 담대히 다음과 같이 고백할 수 있었습니다.

"비록 무화과나무가 무성하지 못하며 포도나무에 열매가 없으며 감람나무에 소출이 없으며 밭에 먹을 것이 없으며 우리에 양이 없으며 외양간에 소가 없을지라도 나는 야훼로 말미암아 즐거워하며 나의 구원의 하나님으로 말미암아 기뻐 하리로다"(하박국 3장 17~18절)

이것이 바로 우리의 꿈과 희망입니다. 비록 깊은 절망에 처해 있다고 할지라도 소망을 주님께 두고 찬양해야 합니다. 하박국이 나열한 이 목록들은 이스라엘 사람들의 최저 생계를 위해 반드시 필요한 것들이었습니다. 그런데 그것들이 다 없어져도 하박국이 감사할 수 있었다는 것은, 하나님에 대한 절대믿음 절대 긍정 입니다.

마음이 무너지면 몸이 무너지고 몸이 무너지면 한꺼번에 여러 가지 문제와 어려움이 닥치게 되는 것 입니다. 그러나 마음을 지키면 하나님께서 꿈과 희망을 주셔서 회복하게 하시고 모든 어려움을 넘어설 수 있게 하십니다.

하박국은 또 이같이 고백합니다.

"주 야훼는 나의 힘이시라 나의 발을 사슴과 같게 하사
나를 나의 높은 곳으로 다니게 하시리로다"(하박국 3장 19절)

때때로 사람들이 우리를 비난하고 모함하고 어려움을 줄 때가 있습니다. 그러나 그럴 때일수록 하나님의 큰 축복이 우리 앞에 예비 되어 있다는 것을 잊지 맙시다. 절망이 깊어질수록 희망의

시간은 더 가까이 와있다는 것을 잊지 맙시다. 우리가 절망 속에서 주님을 붙잡을 때 우리를 높여주십니다.

우리의 감사가 이 세상의 것들에 기인하는 차원이 아니라, 주님의 은혜와 사랑으로 인하여 기뻐하고 감사할 수 있어야 합니다. 주님의 때에 우리 발을 사슴처럼 만들어 주셔서 그 높은 산도 거침없이 숨도 차지 않고 뛰어 올라가게 허락해 주실 것입니다.

"너의 하나님 야훼가 너의 가운데에 계시니 그는 구원을 베푸실 전능자이시라 그가 너로 말미암아 기쁨을 이기지 못하시며 너를 잠잠히 사랑하시며 너로 말미암아 즐거이 부르며 기뻐하시리라 하리라" (스바냐 3장 17절)

이 말씀처럼 하나님께서 역사 가운데 베푸신 일들은 우리 인간이 상상을 할 수 없는 놀라운 일들 입니다. 당시 앗수르 제국의 강대한 모습, 바벨론 제국의 그 강대함을 보고 사람들은 그것들이 영원할 것이라고 생각했지만 하나님은 결국 그 나라들을 다 멸하셨습니다. 그리고 유다 나라를 높이 드셔서 그 땅에서 메시아가 태어나게 하시고 우리 모든 인류에게 구원의 문을 열어주신 것입니다.

우리가 희망을 붙잡고 있는 한 어떤 상황 속에서도 주님께 감사를 드릴 수 있습니다. 감사 안에 기쁨과 평화와 사랑과 회복이 있습니다. 거기서 주님의 능력이 나옵니다. 범사에 넘치는 감사, 한평생 감사로 하나님께 영광을 돌려야 합니다.

이 책을 읽는 모든 분들의 마음속에 감사의 DNA가 생성되어서 삶에 본질적인 변화의 역사가 일어나기를 바랍니다.

2013년 11월

여의도 순복음 교회 담임목사 **이영훈**
사단법인 아름다운동행 감사운동추진위원장

"제가 주님의 뜻 안에 쉬고 감사하게 하소서.
그러면 주님의 기쁨의 불빛이
제 인생을 따뜻하게 할 것입니다.
그 기쁨의 불이 제 마음에서 타올라
주님의 영광을 위해 빛을 발할 것입니다.
이것이 제가 살아가는 목적입니다."
- 토마스 머튼

1부

한없는
은혜

'잃은 것'
너머에 있는
'가진 것'

"나의 육체적인 장애는 내게 도리어 가장 큰 축복이 되었습니다.
언제나 잃어버린 것을 계산할 것이 아니라 남아 있는 것을 생각하고,
하나님께 감사하며 남은 것을 사용할 때 잃은 것의 열 배를 보상받습니다."

'우리 생애 최고의 해' The Best Years of Our Lives, 1946라는 영화가 있습니다. 어린 시절에 본 이 영화는, 그 내용을 이해하기 힘들었음에도 불구하고 주인공 중 한 사람인 호머의 두 갈고리 손이 꽤 충격적이었기 때문에 큰 인상을 남겨 주었습니다.

이 영화는 2차 세계대전이 끝나고 고향으로 돌아온 세 사람의 참전 군인들이 가족과 사회에 적응해가는 과정을 통해, 그들이 겪는 고뇌를 그렸습니다. 영화 속에서 상이용사로 나온 헤롤드 러셀Harold Russell은 2차 세계대전 중 공수부대원으로 전투에 나갔다가 포탄에 맞아 두 팔을 잃은 장애인이 되어 갈고리 손을 가진 실존인물입니다. 그는 참혹한 현실 앞에서 '나는 이제 쓸모없

는 하나의 고깃덩어리가 되었구나' 하는 생각에 사로잡혀 절망 속에서 방황했습니다.

그러던 어느 날 하나님의 은혜로, 그는 자신에게 잃은 것보다 가진 것이 더 많음을 깨닫게 됩니다. 의사가 그에게 의수를 만들어 주었고, 그 의수로 열심히 타이핑을 연습하였습니다. 그리고 자신의 이야기를 타이핑하기 시작했습니다. 그렇게 완성된 이야기가 영화화되면서 러셀 자신이 그 영화에 직접 출연하게 되었고 정성을 다해 연기했습니다. 그리고 이 영화로 그 해 아카데미 남우조연상과 특별상을 수상했고, 받은 상금 전액을 상이용사를 위해 기부했습니다.

어떤 기자가 찾아와 러셀에게 물었습니다.

"당신의 신체적인 조건이 당신을 절망케 하지 않았습니까?"

그는 결연히, 그리고 즉시 대답했습니다.

"아니오! 나의 육체적인 장애는 내게 도리어 가장 큰 축복이 되었습니다. 언제나 잃어버린 것을 계산할 것이 아니라 남아 있는 것을 생각하고, 하나님께 감사하며 남은 것을 사용할 때 잃은 것의 열 배를 보상받습니다."

우리가 잃어버린 것에만 눈을 돌릴 때 그곳에는 오직 절망밖에 보이지 않습니다. 거기는 불가능밖에 없습니다. 그러나 그 '잃은 것' 너머에 남아 있는 '가진 것'을 세어보면 언제나 더 많은 가능성이 기다리고 있음을 깨닫게 됩니다.

살면서 위기를 만날 때, 하나님께서 우리를 보호해 주셨던 그 은혜를 기억합시다. 과거에 하나님께서 부어 주셨던 크고 놀라운 은혜에 대한 기억은 현실의 장애물과 싸워 이길 강력한 능력이 됩니다.

모세가 임종을 앞두고 이스라엘 백성들에게 했던 설교는 하나님의 은혜를 기억하라는 것이었습니다. 하나님은 애굽 땅에서 이스라엘 백성들의 신음소리를 들으시고, 아브라함, 이삭, 야곱과 맺으신 언약을 기억하시고, 이스라엘 자손을 굽어보시고, 그들을 눈여겨보셨습니다. 그리고 이스라엘 백성들을 애굽에서 나오게 하셨고, 광야에서 구름기둥과 불기둥으로 인도하여 주셨습니다.

사실 이런 은혜는 우리 삶 가운데에도 늘 있지만, 우리가 깨닫지 못해서 느끼지 못할 뿐입니다. 하나님이 행하신 일을 깨달을 때 우리는 감격하게 됩니다.

받은 복을 세어 보는 시간을 가져 봅시다.

"호흡이 있는 자마다 야훼를 찬양할지어다 할렐루야"(시편 150편 6절)

생각의
조각보

성자 어거스틴이 어느 날 꿈결에 사랑하는 예수님을 만났습니다.

예수님이 그에게 물었습니다.

"나의 아들아, 너는 나에게 무엇을 원하느냐?"

어거스틴이 대답했습니다.

"저는 아무것도 원하지 않습니다. 오직 주님만을 원합니다. 주님 한 분만 원합니다."

예수님이 다시 묻습니다.

"나의 아들아, 너는 나에게 무엇을 원하느냐?"

" 주님 한 분만을 원합니다."

세 번이나 주님이 물으셨는데, 어거스틴은 세 번 다 똑같이 대답했습니다.

우리는 뭐라고 대답할까요?

나의 감사

"소망의 하나님이 모든 기쁨과 평강을 믿음 안에서 너희에게 충만하게 하사 성령의 능력으로 소망이 넘치게 하시기를 원하노라" (로마서 15장 13절)

0.3초의
기적

"위대한 성공은, '감사합니다'라는 말을 자주하는
사소한 습관에서 비롯됩니다"

미국 캘리포니아 데이비스대학교의 로버트 에먼스
Robert A. Emmons 교수와 마이애미대학교 마이클 매컬
로프Michael E. McCullough 교수는 '감사하는 태도가 사람에게 어떤
영향을 미치는가'에 대해 실험했습니다.

실험 대상을 세 그룹으로 나누어 그들에게 세 종류의 말과 행
동에 집중하도록 하였습니다. 첫 번째 그룹에는 기분 나쁜 일,
두 번째 그룹에는 감사한 일, 세 번째 그룹에는 일상적인 말과
일에 집중하게 했습니다.

일주일간의 짧은 실험이었지만, 그 결과는 매우 의미가 있었
습니다. 감사한 일에 집중한 두 번째 그룹이 가장 행복감을 느
끼는 것으로 나타난 것입니다.

이 실험을 한 두 심리학 교수는 여기서 연구를 멈추지 않고, 감사한 일에 집중해서 행복감을 가장 많이 느낀 그룹을 대상으로 1년간 심리조사를 벌였습니다. 그 결과 감사에 집중한 사람들은 삶의 태도가 긍정적으로 바뀌었고, 스트레스를 적게 받고 좌절도 적게 겪었으며, 어려운 일도 쉽게 극복하는 것으로 나타났습니다.

이것이 '감사의 힘'임을 강조한 인물이 있습니다.

미국에서 여러 방송의 진행자와 기자로 활발히 활동하며 두 차례나 에미상 수상의 영예를 안았던 크리스천 앵커 데보라 노빌 Deborah Norville입니다.

그녀는 감사의 힘을 '0.3초의 기적'이라고 말합니다. 'Thanks!'라는 한 단어를 말하는 데 걸리는 시간이 0.3초라는 말입니다.

그녀는 자신의 책 '감사의 힘'에서 감사의 에너지를 통해 기적을 맞이한 많은 사람들의 이야기와 심리학적 근거를 제시하였습니다. 위대한 성공은 '감사합니다'라는 말을 자주 하는 사소한 습관에서 비롯된다고 말입니다.

그 한마디 말이 사람들의 세계관을 엄청나게 바꿔 놓고, 시간과 에너지의 소비 없이도 자연스럽게 성공을 가져온다는 것입니다.

우리에게는 감사할 조건이 참으로 많습니다. 하지만 이 모든 것이 하나님의 은혜로 우리에게 선물로 주신 조건임을 깨닫는 것이 중요합니다.

참된 성공과 행복은 예수님 안에 있습니다. 가장 행복한 사람은 행복의 근원되신 예수님을 구세주로 영접하고 하나님의 자녀로 살아가는 사람입니다. 우리가 태어나서 예수님을 믿는다는 것은 일생일대의 기적이고, 그 기적의 현장에는 감사와 찬송이 흘러넘치게 마련입니다.

하지만 기독교 신앙을 가진 우리도 인생의 여정에서 칠흑같이 어두운 고난의 밤을 만날 때가 있습니다. 문제는, 우리에게 어떤 어려움이나 문제가 다가온다 할지라도 그것 앞에 좌절하고 절망하고 무릎을 꿇는 것이 아니라, 믿음으로 굳게 서서 문제와 당당히 싸워 이기며 앞으로 나아가는 것입니다. 그렇게 할 수 있는 힘이 바로 '감사'와 '찬양'입니다.

진정한 감사는 환경을 초월한 감사입니다. 감사는 환경에서 오는 것이 아니라 그리스도 예수로부터, 복음으로부터 옵니다. 감사할 수 없는 상황 속에서도 감사와 찬양이 넘쳐날 때, 바로 거기에서 기적이 일어나는 것입니다.

전적인 주님의 은혜로, 아무 조건 없이 구원받고 하나님 자녀가 된 우리들은 '절대 감사'의 삶을 살아가야 합니다. 절대 감사, 평생 감사, 무조건 감사의 이유가 주 예수 그리스도의 보혈에 있음을 기억합시다.

생각의
조각보

　사람들은 자기가 가진 것은 보지 못하고 다른 사람이 가진 것만 보기 때문에 감사하지 못하고 다른 사람과 비교하다가 행복을 놓치고 맙니다.

　큰 것, 좋은 것, 많은 것만 바라보는 마음은 작은 것, 사소한 것, 평범한 것의 소중함을 놓치게 합니다.

　예수님은 보리 떡 다섯 개와 물고기 두 마리를 놓고 감사했습니다. 5천 명이 먹을 수 있는 많은 떡이 있을 때 감사하신 것이 아닙니다.

　분명한 사실은, 행복은 불평하는 사람에게 찾아오는 것이 아니라 감사하는 사람에게 찾아온다는 것입니다.

나의 감사

"내가 주께 감사하옴은 나를 지으심이 심히 기묘하심이라 주께서 하시는 일이 기이함을 내 영혼이 잘 아나이다" (시편 139편 14절)

Thank God,
Thank you

> "우리에게는 신앙의 자유가 있고 정치적인 자유가 있습니다. 게다가 우리 앞에는 광활한 대지가 펼쳐져 있고, 마음 맞는 이웃들과 함께하고 있습니다. 감사 기간을 정해 놓고 하나님께 감사기도를 드립시다."

1620년, 신앙의 자유를 찾아 영국의 청교도 102명이 신대륙을 향해 떠났습니다. 하지만 신대륙 아메리카에 도착해서는 1년도 넘기지 못하고 그들 중 반 이상이 굶고 병들어 죽어 갔습니다. 게다가 남아 있는 사람들마저 흉년과 전염병으로 고통을 당해야 했습니다.

그러자 이들은 금식기도를 선포하고 하나님께 간절히 매달렸습니다. 그렇게 금식을 선포하고 기도한 것이 한두 번이 아니었습니다. 굶주린 배를 움켜쥐고 하나님 앞에 매달렸습니다. 그러나 여전히 상황은 바뀌지 않았습니다.

"우리가 하나님 앞에 베옷을 입고 금식하면서, 좀 더 간절히 부르짖으면 하나님이 반드시 응답해 주실 것입니다."

그렇게 서로 격려하면서 금식기도를 의논하다가 어떤 사람이 이런 제안을 했습니다.

"지금까지 우리는 여러 차례 금식을 하며 하나님의 도움을 간구했습니다. 제 생각에는 어려울 때마다 금식기도를 하는 것은 하나님께 불평하는 것이나 다름없는 것 같습니다. 이제 달리 생각했으면 합니다. 흉년이 들고 형제자매들이 병으로 쓰러지는 어려운 상황이지만 그래도 감사할 것이 있다고 생각합니다. 비록 식량이 충분하지 못하고 여건도 유럽에서 생활할 때보다 편하지는 않지만 우리에게는 신앙의 자유가 있고 정치적인 자유가 있습니다. 게다가 우리 앞에는 광활한 대지가 펼쳐져 있고, 마음 맞는 이웃들과 함께하고 있습니다. 그러니 금식 대신 감사기간을 정해 놓고 하나님께 감사기도를 드리면 어떨까요."

이 제안은 참석한 사람들에게 깊은 공감을 불러일으켰습니다. 그래서 금식 대신 감사주간을 선포하고 하나님 앞에 감사로 나아갔습니다.

미국의 추수감사 축제는 이렇게 시작됐습니다. 그 후로 신앙의 원조인 청교도들의 입에서 가장 많이 흘러나오는 언어가 생겼습니다.

"하나님, 감사합니다. 당신께 감사를 드립니다!"

"Thank God, Thank You!"

이 감사의 마음이 오늘의 미국을 있게 한 원동력이 되었다고 합니다. 또 '감사해요Thank you"라는 말은, 오늘날 미국인들이 가장 많이 사용하는 말입니다.

감사는 우리의 삶을 기쁨과 행복으로 이끌고 갑니다. 축복의 길을 열어 줍니다. 반면에 원망과 불평은 우리의 삶을 불행으로 이끌고 갑니다. 축복을 가로막습니다. 습관적으로 불평하는 사람들은 되는 일이 없습니다.

우리나라 말 중에 꼭 고쳐야 할 것이 있는데, 바로 '죽겠다'는 말입니다. 배고파 죽겠다, 배불러 죽겠다, 좋아 죽겠다, 미워 죽겠다, 하고 싶어 죽겠다, 하기 싫어 죽겠다, 보고 싶어 죽겠다, 보기 싫어 죽겠다…. '죽겠다'는 말을 입에 달고 삽니다. 힘들고 배고파서 죽겠다는 말은 그래도 이해가 되는데, 좋아서 죽겠다는 것은 도대체 말이 안 됩니다.

감사의 습관이 중요합니다. 우리는 넘치는 감사를 드려야 합니다. 감사의 은혜를 체험하며 살아야 합니다. 넘치는 감사로 찬양하고, 넘치는 감사로 기도하고, 넘치는 감사로 예배드리면 우리의 삶이 반드시 변화합니다. 기적이 일어납니다.

텍사스에 사는 한 성공한 실업가가 하나님의 은혜가 너무 감사해서 자기의 이야기를 '하나님, 감사합니다'라는 제목으로 책을 내려고 출판사를 찾아갔습니다.

출판되어 나온 책의 제목은 '100만 번의 감사'였습니다.

그런데 그 책에는 100만 개의 감사 제목과 내용이 담겨 있지 않았습니다.

다만 "하나님, 감사합니다"라는 말만 책 가득 적혀 있었습니다.

나의 감사

"주께서 사랑하시는 형제들아 우리가 항상 너희에 관하여 마땅히 하나님께 감사할 것은 하나님이 처음부터 너희를 택하사 성령의 거룩하게 하심과 진리를 믿음으로 구원을 얻게 하심이니" (데살로니가후서 2장 13절)

감사가 낳은
'더 큰 감사'

"일어나 가라 내 믿음이 너를 구원하였느니라"

신약성서 누가복음 17장에 열 사람의 나병환자가 치유받는 이야기가 나옵니다. 이 이야기 속에서 감사하는 사람의 속성을 배울 수 있습니다.

하루는 예수께서 예루살렘으로 가시려고 사마리아와 갈릴리 사이로 지나가다가 어느 마을로 들어가셨습니다. 나병환자들이 멀리 서서 소리 높여 외쳤습니다.

"예수 선생님이여! 우리를 불쌍히 여기소서!"

그때 예수께서는 발걸음을 멈추시고 저들을 바라보셨습니다. 그리고 큰 고통 가운데 있는 저들에게 말씀하십니다.

"가서 제사장들에게 너희 몸을 보이라."

그저 제사장들에게 가서 몸을 보이라고만 하셨을 뿐입니다.

제사장에게 가라고 하신 이유는, 당시에는 제사장이 나병의 완치 여부를 판단했기 때문입니다. 몸을 살펴보고 '나병이 나았다'는 증서를 써 주면, 건강한 사람으로 인정받을 수 있었습니다. 그 나병환자들은 예수님의 말씀을 듣고 제사장에게 가는 중에 자신들의 나병이 완전히 치유되었음을 깨달았습니다. 그래서 제사장에게 가서 몸을 보였습니다. 제사장이 살펴보니, 정말 병의 흔적이 완전히 사라져 '이 사람은 나병에서 완전히 고침을 받았습니다'는 증서를 써 주었습니다. 그 증서를 소중히 안고, 모두 자기 집으로 갑니다. 그토록 그리웠던 아내와 자녀를 보기 위해 달려갑니다.

그런데 그중의 한 사람이 달려가던 길을 멈추었습니다. 문득 깨닫습니다. 자기의 병을 고쳐 주신 예수님의 은혜가 너무나 크다는 것을 말입니다. 그래서 한걸음에 달려와 예수님의 발 아래에 엎드려 감사를 드렸습니다. 치유함을 받은 열 명 중에 감사한 사람은 오직 한 사람뿐이었고, 더욱이 그는 유대인들이 천하게 여기던 사마리아인이었습니다. 이 사마리아인만 자기를 고쳐 준 예수께 돌아와 감사했습니다.

나머지 아홉 사람은 은혜를 모르고 감사를 잊은 채 자기 길로 갔습니다. 그때 예수께서는 엎드려 감사하는 이 한 사람의 믿음을 칭찬하시면서 한 가지 선물을 더 주셨습니다.

"일어나 가라 네 믿음이 너를 구원하였느니라"(누가복음 17장19절)

나병만 고쳐 주신 것이 아니라 구원까지 받게 해 주신 것입니다. 이처럼 감사를 알고 고백하면 또 다른 감사로 이어집니다. 이것이 바로 감사의 기적입니다.

우리는 어디에 속할까요? 사마리아인입니까, 아니면 나머지 아홉 사람 중 한 사람입니까? 그토록 큰 은혜를 입었으면서도 감사할 줄 모르는 아홉 사람에 속하지는 않는지 점검해 봅시다.

하나님께서 우리를 축복해 주셨는데, 우리는 수없이 하나님을 배반하고 대적했습니다. 영원히 죽을 수밖에 없는 엄청난 죄를 지었습니다. 그런데도 우리는 아무런 대가도 없이 구원을 받았습니다. 우리 죄의 대가는 하나님의 독생자이신 예수 그리스도께서 치루셨습니다. 결코 치유받을 수 없는 죄의 질병에서 우리는 고침을 받은 것입니다.

하나님께서 우리를 택하셨습니다. 죄와 허물로 영원히 죽을 수밖에 없는 우리를 영원한 천국의 삶으로 인도해 주셨습니다. 독생자이신 예수 그리스도를 이 땅에 보내주시고, 우리의 죄를 대속하고자 그분을 십자가의 고난에 내어 주셨습니다. 예수 그리스도를 통해 우리를 하나님의 자녀로 삼아주셨습니다. 이보다 더 큰 은혜가 어디에 있겠습니까? 이보다 더 큰 감사가 어디 있겠습니까? 이 놀라운 은혜를 받은 사람들이 감사하지 않는 것이, 감사를 모르는 것이 오히려 이상하지 않습니까!

이 놀라운 은혜를 늘 기억하고 감사합시다!

생각의
조각보

오래전, 미국 미시간 호수에 배 한 척이 침몰했을 때, 수영선수인 대학생이 뛰어 들어가 물에 빠져 죽게 된 사람 23명을 구출해 뉴스가 된 적이 있었습니다. 수십 년 후에 토레이 목사님이 집회 중에 설교하면서 그 이야기를 예화로 들며 그 청년의 용기를 칭찬했는데, 마침 그때의 청년이 백발 노인이 되어 앉아 있는 것을 발견하고 깜짝 놀랐다고 합니다.

토레이 목사님이 그 노인에게 물었습니다.

"그 사건을 통해 가장 인상에 남는 기억이 무엇입니까?"

그 노인은 이렇게 답했습니다.

"단 한 사람도 내게 고맙다는 말을 하지 않았다는 것입니다."

이것이 바로 감사를 모르는 사람의 모습입니다.

나의 감사

_____

_____

_____

_____

_____

_____

"하나님께서 지으신 모든 것이 선하매 감사함으로 받으면 버릴 것이 없나니" (디모데전서 4장4절)

감사, 행복의 샘

벌금 10달러,
벌금 50센트

"내가 내놓는 이 10달러는 이 여인의 벌금으로 충당될 것입니다.
그리고 이 법정에 있는 모든 사람에게 각각 50센트의 벌금을 물리겠습니다.
죄목은 한 시민이 손자들을 먹여 살리려고 빵을 훔칠 수밖에 없는 도시에
살고 있다는 것입니다. 벌금을 거두어 저 피고에게 주십시오."

지극히 암울했던 1930년대의 미국 대공황 시절과 2차 세계대전 내내 뉴욕 시장이었던 피오렐로 라 구아디아는 뉴욕 시민들에게 '작은 꽃'이라고 불렸습니다.

165센티미터의 작은 체구인데다 양복 옷깃에 항상 카네이션을 달고 다녔기 때문에 붙은 별명이기도 합니다. 그는 여러 가지 남다른 일을 많이 한 것으로 유명한데, 한마디로 요약 하자면 '행동하는 시장'이었습니다.

직접 뉴욕시 소방차를 몰고, 직접 경찰들과 함께 주류 밀매점을 덮치고, 직접 고아원 아이들을 모두 야구장에 데려가고, 신문사가 파업하여 신문이 나오지 못할 때에는 라디오 프로그램에 출연해 아이들을 위한 연재만화를 읽어 주곤 했던 시장이었습니다.

1935년 살을 에이듯이 추운 어느 겨울 밤, 그는 뉴욕시의 극빈자 구역에서 일어난 범죄들을 재판하기 위해 열리는 야간법정에 모습을 드러냈습니다. 그는 담당 판사를 퇴근시키고 대신 판사석에 앉았습니다. 몇 분 후 너덜너덜한 옷을 입은 나이든 여인이 재판을 받기 위해 그 앞에 섰습니다. 빵 한 덩어리를 훔친 혐의로 끌려왔던 것입니다.

그녀는 자신의 딸이 병들었고 사위는 도망갔으며 손자 둘이 극도로 굶주려 그 아이들을 먹이려고 빵을 훔쳤다고 진술했습니다. 하지만 빵을 도둑맞은 가게 주인은 고소를 취하하지 않으려 했고, 재판석에 앉아있는 사람에게 말했습니다.

"판사님, 이 여자는 나쁜 사람입니다. 주변 사람들에게 교훈을 주기 위해서라도 이 여자는 처벌을 받아야 합니다."

재판석에 앉아있는 뉴욕시장 라 구아디아는 한숨을 쉬었습니다. 그는 나이든 여자를 향해 고개를 돌리며 말했습니다.

"법에는 예외가 없기 때문에 당신을 처벌할 수밖에 없습니다. 10달러 벌금이나 또는 열흘 감옥살이가 될 것입니다."

이렇게 말하면서 자신의 호주머니 속을 뒤져 10달러짜리 지폐 한 장을 자신의 모자에 넣으며 말했습니다.

"내가 내놓는 이 10달러는 이 여인의 벌금으로 충당될 것입니다. 그리고 이 법정에 있는 모든 사람에게 각각 50센트의 벌금을 물리겠습니다. 죄목은 한 시민이 손자들을 먹여 살리려고 빵을 훔칠 수밖에 없는 도시에 살고 있다는 것입니다. 벌금을 거두어 저 피고에게 주십시오."

다음 날 뉴욕시 신문에는 이런 기사가 실렸습니다.

"얼굴이 붉어진 빵집 주인이 낸 50센트를 포함한 47달러 50센트가 굶주린 손자들을 먹여 살리기 위해 빵 한 덩어리를 훔친 노인에게 건네졌다. 그 노인은 예상치 못한 일에 어쩔 줄 몰라했다. 약 70명의 경범죄 피의자들, 교통법규 위반자들, 뉴욕 시 경찰관들도 기꺼이 50센트씩 내놓았고, 그런 결정을 하고 실천한 시장에게 기립박수를 보냈다."

이 얼마나 감격스러운 일입니까! 그 법정 안에 있던 모든 사람은 이 놀라운 은혜의 순간에 동참했습니다.

하나님의 은혜는 사랑을 베푸는 사람의 삶을 통해 깊이 역사합니다. 은혜를 받을 때마다 감사로 그것을 깨달으면 얼마나 좋을까요.

생각의
조각보

감사에는 여러 가지가 있습니다. 받았기 때문에 드리는 감사가 있고, 섬기고 나눔으로써 얻는 기쁨과 감사가 있습니다. 받는 자는 불평과 원망이 있을 수 있지만, 주는 자의 마음에는 기쁨과 감사만이 넘칩니다.

그리고 깨달음으로 얻어지는 감사입니다. 우리가 살고 있는 모든 생활은 깨닫고 보면 모두가 기적입니다. 똑같이 먹고 마시며 살지만 음식을 만들어 준 사람의 정성과 사랑을 깨닫고 기쁨과 감사를 느끼는 것이 인간이란 존재입니다.

나의 감사

"형제들아 우리가 너희를 위하여 항상 하나님께 감사할지니 이것이 당연함은 너희의 믿음이 더욱 자라고 너희가 다 각기 서로 사랑함이 풍성함이니" (데살로니가후서 1장 3절)

감사,
행복의 샘

'감사 할머니'의 기쁨

74년 동안 남의 빨래만 하며 저금한 할머니가 한 번도 예금을 찾지 않았다가,
2002년에 예금 전액을 찾아 10분의 1은 교회에, 10분의 9인 15만 달러는
남부 미시시피 대학(USM)에 가난한 학생들을 돕는 장학금으로 보냈습니다.

언젠가 가이드포스트 지는 88세의 흑인 노파 매카티 Oseola McCarty 씨를 '감사 할머니'로 소개한 적이 있습니다. 미시시피 주 해티스버그에서 평생 손빨래를 하며 생계를 유지해 온 매카티 할머니의 이야기는 이렇습니다.

자신을 양육해 준 이모가 병들자 초등학교 6학년 때 중퇴하고 소녀 가장이 되었습니다. 그리고 어머니가 하던 가업인 세탁소를 이어받았습니다. 세탁물을 일일이 손으로 빨고 다리미로 다려서 납품하는 일이었습니다.

그녀는 자신의 신세를 한탄하거나 불평하지 않았습니다. 종달새처럼 즐겁게 찬송을 부르며 빨래를 하고 다리미질을 했

습니다. 손에 심한 신경통이 와서 일을 할 수 없게 된 86세까지 74년 동안이나 남의 빨래를 하였습니다.

매카티 할머니는 두 가지의 큰 기쁨을 누렸습니다. 하나는 교회에서 예배를 드리며 감사헌금을 바치는 시간이고 또 다른 하나는 은행에 가서 저금을 하는 시간입니다. 그녀는 70년 동안 한 번도 예금을 찾지 않았습니다.

그녀는 2002년에 예금 전액을 찾아 10분의 1은 교회에 헌금했습니다. 그리고 나머지 10분의 9인 15만 달러를 미시시피 대학(USM)에 가난한 학생들을 돕는 장학금으로 보냈습니다.

매카티 할머니는 또 그해 대통령이 주는 '장한 시민상 Presidential Citizens Medal'을 받게 되었습니다. 생전 처음 자기가 살던 미시시피 주 밖으로 여행하여 백악관에 가서 대통령을 만났고, UN의 초청을 받아 뉴욕도 구경했습니다.

이웃 사람들은 그녀를 '감사 할머니'라고 불렀습니다. 심한 노동과 시련 속에서도 불평하지 않고, 즐겁게 찬송을 부르며 항상 이웃과 하나님께 감사하며 살았기 때문입니다.

감사는 성도를 향하신 하나님의 뜻입니다. 그렇다면 불평과 불만은 사탄의 뜻일 것입니다. 감사는 기쁨과 행복을 샘솟게 하지만, 불평은 슬픔과 불행의 나락으로 떨어지게 합니다. 주님 안에서 감사하는 삶이야말로 성도의 가장 큰 축복입니다. 🪶

멕시코의 일부 지역에는 온천과 냉천이 나란히 솟아나는 신기한 곳이 있습니다. 한쪽에는 부글부글 끓는 온천이 땅에서 솟아오르고, 그 옆에는 얼음물과 같은 냉천이 솟아오릅니다. 이 지역의 아낙네들은 빨래 광주리를 가지고 와서 온천에다 옷을 삶은 다음, 냉천에서 헹구어 깨끗한 옷을 가지고 갑니다. 이 광경을 지켜보던 외국 관광객이 안내하는 멕시코인에게 말했습니다.

"이곳 사람들은 온천과 냉천을 한곳에 주신 하나님께 감사하는 마음이 많겠군요."

멕시코 안내원이 이렇게 답했습니다.

"천만에요. 이곳 아낙네들은 감사보다 불평이 더 많습니다. 비누까지 주지 않았다고 말입니다."

나의 감사

"이러므로 우리가 하나님께 끊임없이 감사함은 너희가 우리에게 들은 바 하나님의 말씀을 받을 때에 사람의 말로 받지 아니하고 하나님의 말씀으로 받음이니 진실로 그러하도다 이 말씀이 또한 너희 믿는 자 가운데에서 역사하느니라" (데살로니가전서 2장 13절)

헨리 포드의
10센트

"지금까지 도움을 청하는 수많은 사람들을 보았지만,
도움의 가치를 진정으로 아는 분은 베리 선생 뿐이었습니다.
당신은 내가 만난 최고의 사람입니다."

헨리 포드가 자동차 왕으로 한창 명성을 날리고 있을 때, 조지아 주의 어느 벽지 학교 여교사인 마르다 베리로부터 편지 한 통을 받았습니다.

아이들을 위해 학교의 피아노를 구입하는 비용으로 1천 달러를 기증해 달라는 것이었습니다. 포드는 늘 그렇듯 의례적인 편지로 생각하고 10센트만 달랑 봉투에 넣어 보내 주었습니다.

포드와 같은 대부호가 10센트를 보냈다는 사실에 화가 날 법도 했지만, 베리 선생님은 낙심하지 않았습니다.

'1천 달러는 아니지만 그래도 이 10센트로 뭔가 의미 있는 것을 할 수 있을 거야.'

이 10센트를 헛되이 쓰고 싶지 않았던 베리 선생님은 밤새 고민했습니다.

다음날 그녀는 10센트를 들고 가게로 가서 땅콩 종자를 구입했습니다. 그리고 학생들과 함께 학교 텃밭에 종자를 심어 땅콩 농사를 시작했습니다.

얼마 후 첫 번째 수확을 하게 되자, 베리 선생님은 헨리 포드에게 감사의 편지와 함께 땅콩을 판 이익금의 일부도 함께 보냈습니다. 그녀는 해마다 그렇게 했고, 나머지 수익금으로는 다시 땅콩을 사서 땅콩 농장을 키워 나갔습니다.

5년 뒤 그녀는 드디어 피아노를 살 수 있게 되었다는 편지를 포드에게 보냈습니다. 포드는 크게 감동을 받아 그 학교에 1천 달러가 아닌 1만 달러가 동봉된 편지를 보냈습니다. 그 편지에는 이렇게 쓰여 있었습니다.

"지금까지 도움을 청하는 수많은 사람들을 보았지만, 도움의 가치를 진정으로 아는 분은 베리 선생뿐이었습니다. 당신은 내가 만난 최고의 사람입니다."

요청한 1천 달러의 1만분의 1인 10센트를 받고도 오히려 감사한 마음으로 섬긴 그 여교사의 마음씨가 결국 10센트의 10만 배가 되는 1만 달러라는 수확을 가져온 것입니다. 감사하는 마음만이 이룰 수 있는 기적이었습니다.

감사는 축복의 통로입니다. 늘 감사를 달고 다니는 사람에게는 하나님의 축복이 함께 합니다. 많은 문제가 해결되고 많은

기적이 나타납니다. 감사할 때 이미 응답을 받은 것이기 때문입니다. 하지만 불평을 달고 사는 사람은 되는 일이 없습니다. 불평은 자석과 같아서 자꾸 문제를 끌고 옵니다. 가정에 문제가 있고, 생활의 어려움이 있고, 몸의 질병이 계속됩니다. 우리는 감사가 축복의 통로라는 사실을 결코 잊지 말아야 할 것입니다.

무디 목사님의 동역자이자 시카고에 있는 무디신학교의 교장을 역임한 아처 토레이 박사님이 이런 말을 했습니다. 우리가 잘 아는 예수원을 설립하신 대천덕 신부님이 바로 이분의 손자입니다.

"감사하는 사람은 축복의 열쇠를 손에 쥔 사람입니다. 모든 음식에 소금이 들어가야 맛이 나듯이, 모든 일에 감사가 있으면 형통하게 됩니다."

어려울 때 불평하고 원망하는 것은 누구나 할 수 있습니다. 어려울 때 감사하는 사람이 진짜 믿음이 성숙한 사람입니다. 📖

생각의
조각보

성서는 범사에 감사하라고 가르칩니다. 그러므로 어떤 일에도 동요하면 안 됩니다. 대신 필요한 것을 하나님께 고해야 합니다. 그리고 하나님의 역사를 기다리는 동안 주께서 이미 우리를 위해 하신 모든 일에 감사해야 합니다.

나는 자족하는 비밀을 발견했습니다. 그것은 하나님께 내가 원하는 것을 구하고, 그것이 합당한 것이라면 적당한 때에 주시리라는 것을 믿고 기다리는 것입니다. 만일 그것이 합당하지 않다면 하나님께서는 내가 구한 것보다 훨씬 더 좋은 것으로 채워 주실 것입니다.

나의 감사

"아무 것도 염려하지 말고 오직 모든 일에 기도와 간구로, 너희 구할 것을 감사함으로 하나님께 아뢰라" (빌립보서 4장 6절)

거룩한 꿈,
노아의 방주 복원

"13억 중국인들이 홍콩 땅을 밟을 때
하나님을 만날 수 있는 계기를 마련하고 싶습니다.
와서 보고 하나님이 살아계심을 느끼게 하고 싶습니다.
하나님이 얼마나 놀라운 일을 행하셨는지 알게 하고 싶습니다."

몇년 전에 개관한 '노아의 방주'라는 홍콩의 명물 테마파크가 있습니다. 이 테마파크는 길이 137미터, 너비 23미터, 높이 14미터로 구약 성서에 기록된 노아의 방주를 실물 크기로 복원한 놀라운 공원입니다. 이 홍콩 땅에 노아의 방주를 복원한 배경에는 귀한 이야기가 있습니다.

홍콩 경제계의 신화적 존재 '궈더성'이란 분이 있었습니다. 어릴 때 부모님이 돌아가셔서 고아로 아주 어렵고 힘들게 자랐지만, 그는 늘 희망을 품고 꿈을 꾸었습니다. 고향 중국 광동성을 떠나 홍콩으로 건너갔고, 거기서 천신만고 끝에 홍콩 최대의 건축회사를 이루고 홍콩 최고의 부동산 재벌이 됐습니다.

그의 세 아들 중에 특별히 둘째 아들 토마스 궉이 신실한 그리스도인입니다. 그도 아버지처럼 희망을 품고 꿈을 꾸었습니다.

"13억 중국인들이 홍콩 땅을 밟을 때 하나님을 만날 수 있는 계기를 마련하고 싶다. 와서 보고 하나님이 살아 계심을 느끼게 하고 싶다. 하나님이 얼마나 놀라운 일을 행하셨는지 알게 하고 싶다."

그는 그 꿈을 이루기 위해 '노아의 방주 재현 프로젝트'를 준비하는 데 13년이란 시간을 들였습니다. 그리고 5년 동안 성경에 있는 그대로 노아의 방주를 만들었습니다. 18년 동안 진행한 이 프로젝트는 지금 기적을 이루었습니다. 엄청난 재원을 들여 세심한 공사 끝에 노아의 방주를 재현해 냈고, 중국인들뿐만 아니라 세계인들이 노아의 방주 테마파크를 찾고 있습니다.

저도 그것이 세워지던 때 공사현장에 몇 번 가서 간절히 기도했습니다.

"이 아들의 마음에 불타는 소원이 있습니다. 주의 복음을 전하기 원합니다. 주의 복음을 저 중국인구 13억에게 전하기 원합니다. 그 꿈을 이루어 주옵소서"

꿈이 있었기 때문에 이처럼 놀라운 일을 이룰 수 있는 것입니다. 무엇을 하더라도 꿈을 가지고 하나님 영광을 위해 일하면 하나님께서 우리를 사용하시고 주님의 뜻을 이루십니다. 그러므로 내 개인의 꿈, 개인의 희망이 아니라, 거룩한 꿈, 거룩한 희망을 갖게 되는 것은 큰 복입니다.

꿈과 희망을 가지면 모든 생각이 거기에 초점을 맞추게 되고, 그것을 믿음으로 고백하게 됩니다. 그리고 그것을 향해 달려갈 때 하나님께서 역사하시고, 그 결과가 기적이 되는 것입니다.

토마스 퀵이 그 큰 프로젝트를 구상할 때 사람들은 비웃었습니다. 또 홍콩 정부에서는 그 건물을 허가해 줄 때 여러 가지 조건을 많이 달았습니다. 그래서 문제와 어려움이 많았습니다. '그 거대한 건물을 거기다 세우는 이유가 뭐냐?' '그 엄청난 재원을 왜 그런 일에 허비하나?'

하지만 여러 가지 악조건 속에서도 꿈과 희망을 잃지 않았더니 하나님이 그 꿈을 이루어지게 해 주셨습니다.

거룩한 꿈, 우리 생각이 그 꿈으로 가득하고 믿음으로 그것을 날마다 고백하며 열심히 달려갈 때 하나님이 기적을 이루십니다. 기적은 우리가 만드는 것이 아닙니다. 포기하지 않고 나아가면 하나님께서 우리에게 희망의 열매를 맺게 해 주시는 것입니다.

생각의
조각보

　　대학을 졸업한 후 친구와 함께 백화점에 취직한 젊은이가 있었습니다. 경영학을 전공한 두 젊은이가 배치 받은 곳은 '엘리베이터 안내'였습니다. 그러자 한 젊은이는 크게 실망하고 직장을 그만두었습니다. 하지만 다른 젊은이는 고객들의 구매상황을 체험할 수 있는 좋은 기회로 알고 오히려 감사했습니다.

　　고객을 위해 편안한 동선을 연구하고, 고객과의 대화를 통해 그들의 심리를 공부했습니다. 그는 곧 회사에서 인정을 받아 부서 책임자로, 이어 최고 경영자가 되었습니다. 나중에 그는 백화점 왕이 되었습니다. 바로 J. C. 페니입니다.

나의 감사

"항상 기뻐하라 쉬지 말고 기도하라 범사에 감사하라 이것이 그리스도 예수 안에서 너희를 향하신 하나님의 뜻이니라" (데살로니가전서 5장 16∼18절)

"우리는
34명 이었어요"

"33명 모두가 각자의 특기를 살려 이 난관을 돌파하려고 노력했습니다.
그래도 마음이 불안해질 때면, 엔리케스에게 기도를 해 달라고
부탁하며 모두가 손을 모아 예수님을 불렀습니다. 예수님은
서른네 번째의 동료이자, 우리들을 살려 줄 구원자였습니다"

2010년 10월에 있었던 칠레 광부들의 이야기를 기
억하십니까? 갱도가 무너져 69일간 700m 아래
땅 속에 갇혀있던 광부 33명이 구출되던 날, 전 세계는 온통 감
동의 물결이었습니다.

생존자들을 보며 사람들은 그들이 어떻게 기나긴 시간을 잘
견뎌낼 수 있었는지 궁금해 했습니다. 전문가들은 '물이 충분했
다', '십장(광부들의 감독관)인 루이스 우르수아의 지도력이 탁
월했다' 등 나름대로의 견해를 제시했습니다. 하지만 광부들은
뜻밖의 이야기를 꺼냈습니다.

"그곳에서 우리는 지옥을 경험했습니다. 하나님의 도우심이

아니었다면, 우리는 버틸 수 없었을 것입니다. 호세 엔리케스 덕분에 우리는 이성을 잃지 않고 죽음의 공포와 사투를 벌일 수 있었습니다.

광산이 무너질 때 당황했지만, 나름대로 위험에 대비하고 있었기에 크게 동요하지는 않았습니다. 하지만 다이너마이트로 막힌 곳을 폭파시켜도 소용이 없고 어둠의 시간이 지속되자, 동요하기 시작했습니다. 평정심을 잃어버린 우리들은 서로의 탓을 하고, 서로를 미워하기 시작했습니다. 질서와 예의는 더 이상 존재하지 않았습니다.

더 이상 동료들이 사람으로 보이지 않았어요. 평소 함께 일하지도 않으면서 사사건건 잔소리만 했던 우르수아, 마약과 도박에 찌들어 일하는데 방해만 됐던 몇몇 사람들이 훼방꾼으로 보이기 시작했습니다. 저들에게 내 식량을 나눠 줘도 될까 싶기도 했고, '혹시라도 내가 인육이 되면 어쩌지'라는 불안감에 잠시도 곡괭이를 손에서 놓지 못했습니다.

이런 심상치 않은 기류가 흐르는 와중에 호세 엔리케스가 나섰습니다. '함께 기도합시다'라고 말한 그는, '이곳에서 서로에 대해 더 알게 해 주셔서 감사합니다. 본성이 우리를 지배하지 않고 성령께서 우리의 마음을 주관해 주시길 바랍니다. 하나님, 도와주세요'라고 기도했습니다.

잠시 동안의 기도였지만, 자신들을 되돌아보게 됐습니다.

어제까지만 해도 서로의 등을 씻겨 주고, 음식을 나눠먹으며 농담도 즐겨했던 동료들 아니던가, 반성했습니다. 너 나 할 것 없이 옷매무새를 가다듬고 주변을 정리하기 시작했습니다. 아무데 나 널려 있는 변을 치우고, 서로의 집기를 정리했습니다. 베테랑 광부인 세풀베다는 장기간 버틸 계획을 세우고, 어부였던 고메스는 어릴적 이야기를 재미있게 늘어놓으며 사람들에게 웃음을 선사했습니다. 페냐는 자동차 배터리를 이용해 빛이 끊이지 않게 했습니다.

33명 모두가 각자의 특기를 살려 이 난관을 돌파하려고 노력했습니다. 그래도 마음이 불안해질 때면, 엔리케스에게 기도를 해 달라고 부탁하며 모두가 손을 모아 예수님을 불렀습니다. 예수님은 서른네 번째의 동료이자, 우리들을 살려 줄 구원자였습니다.”

실제로 19세 청년 광부인 지미 산체즈는 팔로마(‘비둘기’란 뜻의 작은 운송수단)로 지상에 보낸 편지에서 “이곳엔 우리를 결코 떠나시지 않는 주님과 합해 모두 34명입니다.”라고 썼습니다.

구조되어 광산을 떠나는 광부들의 상당수는 ‘주님께 영광과 존귀!’, ‘감사합니다 하나님!’, ‘그라시아스 세뇨르!’(주님, 고맙습니다), ‘그분의 손길, 땅 깊은 곳에도 있었네(시편 95편 4절)’ 등이 새겨진 티셔츠를 입고 있었습니다. 이 티셔츠는 엔리케스가 요청한 것이었습니다.

그들은 자신들의 구사일생을 '예수님이 주신 또 하나의 기적'이라고 불렀습니다. 그들은 이제 예배를 드리고 기도하는 것을 잊지 않고 있습니다. 믿지 않던 사람들 중 절반 이상이 교회를 다니기 시작했습니다. 더 이상 마약과 도박에 손대지 않습니다. 가족을 사랑하고 가난한 동료와 이웃들에게 작은 정성이나마 전달하려고 노력합니다.

호세 엔리케스는 이렇게 말했습니다.

"죽을지도 모른다는 두려움을 이기려면 하나님의 도우심을 구할 수밖에 없었습니다. 하나님께서는 서로를 위로하며 희망의 끈을 놓지 말라고 말씀하셨습니다. 주님께서는 우리와 함께하시겠다고 말씀하셨습니다. 나는 우리가 반드시 살아서 나갈 것이라고 믿었고, 또 확신했습니다. 오, 주님. 우리의 기도를 들어주시고 우리와 함께 해 주셔서 감사합니다."

감사는 합력하여 선을 이루시는 주님의 은혜를 체험하게 합니다. 우리의 삶이 고통과 시련과 슬픔과 눈물의 골짜기를 지나면서 얼룩지는 것 같지만, 지나고 보면 아름다운 한 편의 작품이 되는 것입니다. 고통과 시련은 주님을 바라보게 만듭니다. 그러면 그 고난은 감사로 바뀌게 됩니다. 주님께 더욱 가까이 갈 수 있기 때문입니다.

생각의
조각보

당신을 감사의 창 앞으로 초대합니다. 삶을 어떤 관점, 어떤 창으로 보느냐에 따라 인생은 달라집니다.

감사의 창을 통해 보면 우리 삶의 모든 것이 선물입니다.

화려한 궁전에 살면서도, 인생이 왜 이리도 괴로우며 기쁜 일은 하나도 없느냐고 불평하는 사람이 있습니다. 반면에 조그마한 한 오두막집에 살면서도, 우리를 지키시는 하나님 아버지의 한없는 은혜와 사랑을 진심으로 감사하는 사람이 있습니다. 감사는 우리를 풍성한 삶으로 인도하는 인생의 비밀코드입니다.

나의 감사

"그리스도의 평강이 너희 마음을 주장하게 하라 너희는 평강을 위하여 한 몸으로 부르심을 받았나니 너희는 또한 감사하는 자가 되라" (골로새서 3장 15절)

"버스에서는 자리를 양보하고,
운전할 때는 다른 차의 차선 진입을 돕고,
삶 속에서 이웃을 배려하는 감사의 씨앗을 뿌리면,
내 인생에 기쁨의 꽃이 피고 평화의 열매가 열립니다."

2부

지극한
사랑

무조건 감사
한평생 감사

"전쟁에서 몸을 다쳐 장애를 가지고서도 제가 오늘과 같이
행복한 비결은 섬기면서 감사하는 것입니다."

중세의 유명한 카르멜 수도원에 존경받는 평신도 로
렌스라는 분이 있었습니다. 전쟁에 나가 다리를 다
쳐 불편한 몸으로 지내야만 했습니다. 그는 자유롭게 걸을 수 없
었지만, 하나님께서 전쟁터에서 목숨을 건져 주신 것이 감사했
습니다. 그 몸으로 나이 오십이 될 때까지 여기저기서 많은 일을
했습니다. 어디를 가든, 무엇을 하든, 감사했습니다.

그러다가 로렌스는 카르멜 수도원 주방에서 일을 하게 되었습
니다. 그 나이에 주방에 들어가 음식을 준비하는, 어쩌면 하찮게
보이고 힘든 일을 하게 됐는데도 웬일인지 그에게는 더 많은 감
사가 있을 뿐이었습니다.

"하나님, 제가 준비한 음식을 먹고 많은 주의 사역자들이 기쁨

으로 사역할 것이니 참 감사합니다."

로렌스가 얼마나 정성껏 음식을 만드는지 모든 수도사들은 늘 마음이 기뻤습니다. 음식을 먹을 때마다 감사했습니다. 로렌스는 하나님을 섬기는 마음으로 성심성의껏 주방 일을 했습니다. 음식 하나를 만들더라도 최선을 다하여, 가장 맛있게, 매일 기도하며 또 연구하면서 말입니다.

그렇게 20년이 지났습니다. 수도사가 아닌, 주방에서 허드렛일을 하는 로렌스였지만 모든 수도사들의 존경의 대상이었습니다.

드디어 수도사들은 그를 수도원 원장으로 추대하게까지 되었습니다. 로렌스는 깜짝 놀라며 사양했습니다. 상식적으로 가능하지 않은 일이기 때문입니다.

"아니요. 저는 평신도 직분이고, 이곳은 주의 종들이 계시는 수도원입니다. 제가 어떻게 원장이 될 수 있습니까? 아닙니다! 안됩니다!"

하지만 수도사들은 계속 그가 수도원 원장이 되기를 원했습니다.

"우리 수도사들이 20년 동안 당신을 지켜보았습니다. 모든 면에서 우리보다 월등하십니다. 저희가 진심으로 존경하고 사랑합니다. 하나님께서도 로렌스 형제를 사랑하십니다. 우리 수도원의 원장이 되어 주십시오."

주방에서 음식 만드는데 정성을 기울여 섬겼을 뿐인데, 그는 모든 수도사들의 존경을 받아 결국 수도원 원장에 추대되었습니다.

이 놀랍고 특별한 소식을 들은 국왕 루이 12세가 그 수도원을 방문했습니다. 그리고 로렌스에게 원장이 된 비결을 물었습니다. 로렌스원장은 그 비결을 이렇게 말했습니다.

"전쟁에서 몸을 다쳐 장애를 가지고서도 제가 오늘과 같이 행복하게 섬기는 비결은 감사하는 것입니다."

섬김에는 희생이 따릅니다.

섬김에는 남다른 노력이 따릅니다.

섬김에는 때때로 고통이 따릅니다.

섬기기 위해는 자존심을 버려야 하고, 섬긴다는 것은 철저한 자기 부정이고 희생입니다.

예수의 삶을 한마디로 말한다면 '섬김'입니다. '희생'입니다.

바로 로렌스는 예수님을 닮아간 것뿐입니다.

우리 마음이 섬기는 마음으로 바뀌면 그때부터 자유함이 있습니다. 은혜가 있고, 축복이 있고, 감사가 있습니다. 하지만 다른 사람에게 섬김을 받을 때는 늘 그 섬김이 부족해 보입니다. '더 잘 섬기라'고 말하고 싶어집니다. '저 사람은 왜 오늘 나를 이렇게 밖에 못 섬기는가' 생각하게 됩니다. 그렇게 되면 감사가 사라지고 불평이 자리 잡게 됩니다.

섬김을 받으려 하니까 그럴 수밖에 없습니다.

사실 '감사'는 권면 사항이 아니라 명령 사항입니다. 성경에는 "감사하라!"고 기록되어 있습니다. 이 감사는 조건 없는 감사입니다. 보통 사람들의 감사는 조건부 감사입니다. 무언가 내게 좋은 일이 있을 때, 감사하다고 말할 이유가 있을 때 감사합니다. 그러다보니 불평할 이유가 생기면 불평이 나오는 게 당연합니다. 조건부 삶입니다.

그러나 그리스도인들의 감사는 그렇지 않습니다. 나 같은 죄인이 예수님을 믿어 하나님의 자녀가 되었다는 감사, 이것은 세속의 감사와 뿌리가 다릅니다.

'절대 감사, 무조건 감사, 한평생 감사'를 잊지 마십시오. 감사하는 만큼 믿음이 자라고, 감사가 커집니다.

카르멜 수도원의 로렌스 원장처럼, 섬기면서 감사가 넘치는, 함께 행복한 삶을 살아봅시다.

사탄이 지구에 내려와 하필 노르웨이에다가 창고를 지었다고 합니다. 이 사탄의 창고에는 불평과 미움·슬픔·시기·다툼·분열·저주 등의 씨앗이 저장되어 있었습니다. 이 씨앗들은 어느 누구의 마음속에서도 싹이 잘 나는데, 한 마을에서만은 효력이 없었다고 합니다.

그 마을의 이름은 '감사' 였습니다. 어떤 슬픈 상황과 절망적인 처지에서도 그들은 언제나 감사했기 때문이었죠. 이 전설에서 "감사하는 마음에는 사탄이 씨앗을 뿌릴 수 없다."라는 노르웨이 속담이 나왔습니다.

나의 감사

"감사로 제사를 드리는 자가 나를 영화롭게 하나니 그의 행위를 옳게 하는 자에게 내가 하나님의 구원을 보이리라" (시편 50편 23절)

채권자와
채무자

"여러분, 저는 정말 많이 감사합니다.
왜냐하면 저는 정말 많이 용서 받았으니까요."

신약 성서 마태복음 18장을 보면, 임금에게 1만 달란트 빚을 진 사람의 이야기가 나옵니다. 한 달란트가 6,000 데나리온이므로, 1만 달란트는 6,000만 데나리온입니다. 한 데나리온은 노동자의 하루 품삯에 해당합니다. 따라서 한 달란트는 20년 간 일해야 벌 수 있는 금액입니다. 우리가 하루에 5만원을 번다고 가정하면, 6,000만 데나리온은 무려 3조원으로, 20만년을 일해야 모을 수 있는 엄청난 금액입니다.

채권자인 임금이 말합니다.

"그 몸과 아내와 자식들과 모든 소유를 다 팔아 갚게 하라"

(마태복음 18장 25절)

그 종이 엎드려 절하며 빕니다.

"임금님, 제발 참아 주십시오. 빚 갚을 기간을 연장해 주셔서 제가 최선을 다하여 갚을 수 있게 하여 주옵소서."

하지만 연장해 준들, 그 많은 빚을 갚을 수가 있겠습니까?

"그 종의 주인이 불쌍히 여겨 놓아 보내며 그 빚을 탕감하여 주었더니"(마태복음 18장 27절)

너무 기뻐 뛰어 나가는데, 자기에게 100 데나리온 빚진 동료 한 사람을 만났습니다. 한 데나리온을 5만원이라 하면, 100 데나리온이면 500만원입니다.

"지금 막 내가 3조의 빚을 탕감 받았는데, 내게 500만원 빚진 너도 자유다!" 이렇게 말해야 하는 것 아닙니까?

그런데 그는 말했습니다.

"너 빨리 내게 진 빚을 갚아! 지금 돈이 없으니 기한을 좀 연기해달라고? 뭐 이런 게 다 있어! 너는 좀 당해 봐야 해!'

그러고는 바로 감옥에 가두어 버렸습니다.

이런 사람이 누구입니까? 바로 '우리'이고 '나'입니다. 우리는 갚을래야 갚을 길 없는 죄악의 빚을 하나님께 졌습니다. 그러나 그 엄청난 죄악을 모두 탕감 받았습니다. 그런데도 이웃을 조금도 용서하지 않고, 미워하고, 짓밟고, 상처를 주는 우리의 모습을 비유로 말씀하신 것입니다.

받은 것을 감사할 줄 아는 마음, 그것이 사랑을 낳습니다. 🕇

델마 톰슨이 남편을 따라 모하비 사막에 있는 육군훈련소로 오게 되었습니다. 지독한 무더위와 모래바람 때문에 몹시도 견디기 어려운 곳이었습니다. 톰슨 부인은 '교도소 안에 있는 것보다 못한 생활'이라고 친정아버지에게 편지했습니다. 답장은 달랑 두 줄만 적혀 있었습니다.

"감옥 창살 사이로 내다보는 두 사람이 있다. 한 사람은 땅에 튀기는 흙탕물을 보고, 한 사람은 하늘에 반짝이는 별을 본다."

하늘에 반짝이는 별을 본 그 사람은 훗날, 주변의 대자연을 깊이 관찰하고 연구하며 '빛나는 성벽'이라는 책을 출간, 베스트셀러 작가가 되었습니다. 희망적인 별을 바라볼 것인가, 아니면 절망적으로 흙탕물만 바라볼 것인가?

선택은 바로 자신의 몫입니다.

나의 감사

"누가 누구에게 불만이 있거든 서로 용납하여 피차 용서하되 주께서 너희를 용서하신 것 같이 너희도 그리하고 이 모든 것 위에 사랑을 더하라 이는 온전하게 매는 띠니라" (골로새서 3장 13 - 14절)

말의
힘

"긍정적인 사고는 긍정적인 결과를 낳고,
부정적인 사고는 부정적인 결과를 낳습니다. 감사는 또 다른
감사를 낳고, 불평은 또 다른 불평을 낳습니다."

몇년 전, 어느 대학 총장이 한 심리학 이론을 검증하기 위해 이런 실험을 했습니다.

두 개의 유리병에 각각 똑같은 쌀밥을 넣고, 한 쪽 병에는 '감사합니다'란 이름을 붙이고 "사랑합니다", "고마워요", "넌 왜 이렇게 예쁘니" 등의 좋은 말을 들려 주었습니다. 다른 유리병에는 '짜증나'란 이름을 붙이고 "미워", "뭐, 이런 게 다 있어", "재수 없어" 등의 막말을 지속적으로 들려 주었습니다.

한 달 후, 유리병 속의 밥이 어떻게 변했는지 확인했습니다. 놀랍게도 '감사합니다'란 이름을 붙이고 좋은 말을 들려 준 유리병의 밥은 하얗고 냄새 좋은 누룩 곰팡이가 피었습니다. 하지만 '짜증나'란 이름을 붙이고 나쁜 말만 들려 준 유리병의 밥은 물

이 고인 채 썩었으며 냄새가 지독한 곰팡이가 피었습니다.

만일 이런 실험을 유리병 속의 쌀밥이 아닌, 자신이나 내가 사랑하는 사람들에게 했다면 결과는 어떻게 됐을까요?

일본에서 100개가 넘는 상장회사를 가진 대기업주 다케다 사장은 '다마고 보로 과자'를 최고의 품질로 만들기 위해 공장 직원들로 하여금 과자를 향해 '감사합니다'를 말하게 했다고 합니다.

"앞으로는 재료 못지않게 제품을 만드는 사람의 행복 수준을 중요시하는 시대가 올 것입니다. 만드는 사람의 심리적 파동이 물건으로 이동하기 때문입니다. 하루에 3,000번씩 '감사합니다'라고 말해보세요. 그러면 인생이 바뀔 것입니다."

그렇게 수많은 감사의 찬사를 받으며 제조된 '다마고 보로 과자'는 신기하게도 불티나게 팔려 나갔답니다. 평범한 계란 과자를 인기 있는 명품 '다마고 보로 과자'로 만든 것은 '감사하는 사람의 마음'이 보태어졌기 때문입니다.

'물의 결정 사진'을 본 적이 있습니까? 에모토 마사루라는 일본인이 물의 결정 사진을 찍었습니다. 흥미로운 사실은 어떤 메시지에 노출되느냐에 따라 물의 결정 사진이 각기 다른 모양을 나타내더라는 것입니다.

'사랑과 감사'라는 메시지를 받은 물의 결정 사진은 아름다운 광채를 띤 육각형이었지만, '악마'라는 메시지를 받은 물의 결정 사진은 정말 악마의 눈동자 같은 모양이었습니다.

또한 '감사합니다'라는 말을 일본어와 영어, 독일어 등 몇 가지 언어로 물에게 보여 주고 결정 사진을 찍으면, 어느 나라 말이 건 잘 정돈된 깨끗한 형태가 나타났습니다. 하지만 '망할 놈' 등 저주하고 공격하는 말은 어느 나라 말이건 보기에도 비참할 만큼 부서진 결정체가 되었습니다.

구약 성서 창세기 1장 3절에는 "하나님이 이르시되 빛이 있으라 하시니 빛이 있었고"라고 말씀하고 있습니다. 하나님께서 말씀하시자 빛이 있었습니다. 하나님께서 말씀하실 때, 빛이 창조된 것입니다.

말은 창조하는 힘이 있어서 매우 중요합니다. '당신을 사랑합니다'라는 단순한 말로 이웃들에게 새 생명, 새 희망을 줄 수 있지만, 부주의한 말 한마디가 사랑의 불을 끄기도 합니다. 은혜로운 말 한마디가 길을 평탄케 하고, 즐거운 말 한마디가 하루를 빛나게 합니다. 때에 맞는 말 한마디가 긴장을 풀어 주고, 감사와 사랑의 말 한마디가 축복을 가져다줍니다.✝

두 집단의 사람이 살고 있었습니다. 식사 시간이 되자, 두 식탁에 각각 진수성찬이 가득 차려져 있었습니다. 다만 숟가락과 젓가락의 길이가 너무 길어 입에 음식을 떠넣을 수 없었습니다.

한쪽 식탁에서는 모두가 음식을 떠서 상대방 입 속으로 넣어 주며, 식사 시간 내내 "감사합니다!" "고맙습니다!"를 연발하며 다들 행복한 표정으로 음식을 맛있게 먹었습니다.

그러나 다른 한 쪽은 정반대였습니다. 어차피 자기 입속으로 들어가지 않는 긴 수저를 가지고 자기 입속으로만 넣으려고만 하니 모두의 표정이 지옥입니다. 단 한 숟가락도 자기 입으로 넣지를 못했습니다.

우리는 혹시 그 긴 숟가락으로 음식을 먼저 먹으려 들지는 않습니까?

나의 감사

_____

_____

_____

_____

_____

_____

"누추함과 어리석은 말이나 희롱의 말이 마땅치 아니하니 오히려 감사하는 말을 하라" (에베소서 5장 4절)

52년
기도의 응답

"하나님께 기도할 때마다 수천 번의 기도 응답을 받은 내가 그들의
영혼을 위해 30년 동안 매일 기도했지만, 그들은 여전히 회개하지 않고 있습니다.
그러나 나는 하나님 안에서 계속 소망을 가지고 있습니다.
응답을 받을 때까지 계속 기도할 것입니다."

5만 번 이상의 기도 응답을 받았던 조지 뮬러에게는,
예수님을 모르는 다섯 친구가 있었습니다. 뮬러는 그
들을 너무나 사랑했기 때문에 주님께 돌아오기를 기도했습니다.

사역이 바빠도, 몸이 아파도, 출장을 가든, 여행을 가든 언제,
어디서든 그들을 위해 전심으로 기도했습니다.

"하나님, 저들의 영혼을 구원해 주십시오. 하루빨리 주님께 돌
아오도록 인도해 주십시오. 저의 친구들을 구원해 주실 줄 믿고
감사합니다."

기도를 시작한지 18개월이 지났을 때, 한 친구가 예수를 믿게
되었습니다. 뮬러는 하나님께 감사했습니다. 그리고 나머지 친
구들을 위해 계속 기도했습니다.

5년이 지나자 또 한 친구가 돌아왔습니다. 그리고 나머지 세 친구를 위해 또 계속 기도했습니다.

매일 기도한 결과, 세 번째 친구도 돌아왔습니다. 뮬러는 다시 하나님께 감사하고 나머지 두 사람을 위해서 계속 기도했습니다.

하지만 두 친구는 하나님께 돌아오지 않았습니다.

그때 뮬러는 이렇게 말했습니다.

"하나님께 기도할 때마다 수천 번의 기도 응답을 받은 내가 그들의 영혼을 위해 36년 동안 매일 기도했지만, 그들은 여전히 회개하지 않고 있습니다. 그러나 나는 하나님 안에서 계속 소망을 가지고 있습니다. 응답을 받을 때까지 계속 기도할 것입니다. 비록 그들이 지금은 회개하지 않을지라도 언젠가는 돌아올 것입니다."

1844년 11월부터 52년 동안 뮬러의 기도에도 불구하고 이들은 조금도 반응하지 않았습니다. 그리고 뮬러는 1897년 93세의 나이로 하나님의 부르심을 받아, 그들의 회심을 보지 못하고 세상을 떠난 것입니다.

그런데 뮬러가 죽자, 두 친구가 예수를 믿게 되었습니다. 하나님께서는 뮬러를 불러 가신 후에야, 그들의 영혼을 돌아오게 하셨습니다. 52년이 지난 후에야 기도에 응답하신 것입니다.

우리는 하나님을 아직 알지 못하는 사람들에게 사랑의 복음을 전해야 할 사명을 가지고 있습니다.

제임스 버틀러 스토니는 이렇게 말했습니다.

"다른 이들을 위해 기도하는 것은 오직 평안한 마음에서만 나올 수 있으며 다른 이에게 소망의 가치를 둘 때에만 가능한 일입니다. 그렇지 않으면 기도하는 것이 진정으로 행복하지 않습니다."

우리가 이 세상의 사랑하는 사람들의 구원을 위해 기도할 수 있다는 것은 엄청난 특권이며, 기쁨입니다.🍂

한 여인이 꿈을 안고 결혼을 했습니다. 그런데 첫 날부터 남편이 고주망태가 되어 뜬 눈으로 밤을 지새웠습니다. 10년의 세월이 지나도록 남편의 술버릇은 고쳐지지 않았습니다. 어느 날, 직장 동료가 매일 점심시간에 남편을 위해 감사 기도를 함께 드리자고 제안했습니다.

'술주정뱅이지만 집에는 들어오니 감사합니다…….' 그러고 집에 돌아가니 그렇게도 미웠던 남편이 밉지가 않았습니다. 얼마 후, 주일 아침에 교회를 가기위해 옷을 갈아입는데, 남편이 '나도 따라갈까?' 하고 나섰습니다.

나의 감사

"주께서 내게 응답하시고 나의 구원이 되셨으니 내가 주께 감사하리이다" (시편 118편 21절)

르 샹봉 마을의
기적

"난 유대인이 뭔지 모릅니다. 내가 아는 것은 그들이 인간이라는 것입니다.
이 사람들은 보호를 받기 위해 우리 마을로 왔고, 나는 그들의 목자입니다.
목자는 절대로 자신의 양들을 포기하지 않습니다."

제2차 세계 대전 중 나치 독일이 자행한 유대인 대학
살 '홀로코스트'로 가장 어두웠던 시절, 프랑스 남
부에 르 샹봉 쉬르 리니옹이라는 작은 마을에서 일어난 기적같
은 이야기입니다. 마을 주민 대부분은 작은 농장을 소유하고 소
박한 삶을 꾸려나가는 사람들이었습니다.

그 마을에는 평화주의자이며 개신교 목사인 앙드레 트롬Andre
Trome이 있었습니다. 트롬 목사는 성경 말씀에 따라 '강도 만난
자'와 같은 입장에 있는 유대인을 돕기로 작정했습니다. 당시 유
대인을 돕는다는 것은 목숨을 내놓아야 하는 아주 위험한 일이
었습니다. 그는 마을 사람들에게 유대인을 보호해 주자고 설득
했습니다.

마을 주민들은 그의 설득에 공감하여 유대인을 숨겨 주고 신분증을 만들어 주었습니다. 유대인 어린이들이 학교에 다닐 수 있도록 도와주고, 어른들에게는 일자리를 찾아 주며 여러 가지로 돌보아 주었습니다. 또한 유대인 보호소를 만들고, 국경을 넘어 스위스로 가는 것을 도왔습니다.

마을 주민들은 문을 똑똑 두드리며 "구약 성경 세 권이 도착했습니다"(유대인을 지칭하는 암호)라고 말하는 트롬 목사님의 목소리를 자주 들을 수 있었습니다. 아무도 그 말을 배반하지 않았습니다. 전쟁이 끝날 때까지 마을 주민 5,000여 명은 유대인 5,000여 명의 목숨을 구할 수 있었습니다.

이 모든 일은 나치 독일에 동조한 프랑스 비쉬Vichy 정부의 철저한 감시 중에 이루어졌습니다. 붙잡히면 사형을 당하거나 강제 수용소로 보내진다는 것을 잘 알면서도 말입니다.

비쉬 정부가 트롬 목사와 마을 주민들이 유대인을 숨겨 주고 있다는 사실을 알았습니다. 그들은 트롬 목사에게 보호하고 있는 유대인의 명단을 넘기라고 협박했지만, 트롬 목사는 그들에게 이렇게 말했습니다.

"난 유대인이 뭔지 모릅니다. 내가 아는 것은 그들이 인간이라는 것입니다. 보호를 받기 위해 우리 마을로 왔고, 나는 그들의 목자입니다. 목자는 절대로 자신의 양들을 포기하지 않습니다."

그 일로 트롬 목사는 체포되었고, 엄청난 고통을 겪었지만 절대로 굴복하지 않았습니다. 우여곡절 끝에 풀려난 뒤에도, 그는 유대인 돕는 일을 멈추지 않았습니다. 트롬 목사는 이렇게 기도했습니다.

"하나님, 유대인들을 도울 수 있도록 믿음과 사랑과 용기를 주신 것을 감사드립니다."

르 샹봉 마을의 한 그리스도인 가정의 도움으로 살아남은 유대인 중에 피에르 소바주Pierre Sauvage라는 한 젊은 영화감독이 있었습니다. 30여 년이 지난 후, 그 영화감독이 마을을 찾아가, 무엇이 그 마을 주민들로 하여금 많은 어려움을 겪으면서도 유대인을 돕게 만들었는지, 마을 사람들에게 물었습니다.

바로Barraud 부인은 "그들에게 도움이 필요했기에 도와주었을 뿐입니다. 성경에는 주린 자에게 먹을 것을 주고 아픈 자를 문안하라고 적혀 있습니다. 그리스도인으로서 그건 당연히 해야 할 일입니다"라고 답했습니다.

목숨을 잃을까봐 두렵지 않았느냐는 질문에 브로테Brottes 부인은 이렇게 대답했습니다. "행동하지 않으면서 믿음에 대해 말할 수는 없습니다. 형제에게 아무것도 주지 않는 사람은 비참한 영혼이지요. 강도를 만나 쓰러진 사람을 보고도 다른 길로 그냥 지나쳐 가는 제사장처럼 되지는 말아야지요. 유대인들이야말로 진정 강도를 만나 쓰러진 사람들이었습니다."

모두 진실한 그리스도인의 신앙고백을 가진 사람들이었습니다.

놀라운 신앙고백입니다.

우리는 과연 하나님과의 첫사랑의 감격을 품고 살아가고 있을까요?

첫사랑의 감격을 잊어버렸는지 어떻게 알 수 있을까요?

마음에 기쁨이 사라져 버린 것은 아닌지 점검해 봅시다.

강도 만나 쓰러진 이웃을 보고도 그냥 지나쳐가지나 않는지 스스로 살펴 봅시다.

하나님보다 돈과 건강과 자녀를 더 사랑하지는 않았는지 돌아봅시다.

주님의 은혜에 대한 감사와 열정이 식지는 않았는지 진단해 봅시다.

우리가 가진 모든 것은 다 주님 것입니다. 가진 것을 움켜쥐고 있을 것이 아니라, 이웃을 향해 손을 펴야 합니다. 감사는 나누는 것입니다.

절망이 있는 곳에 희망을, 슬픔이 있는 곳에 기쁨을 만들어 냅시다. 감사의 심장을 가진 사람은 사랑을 품은 사람들입니다. 그들만이 생명력 있는 희망의 메시지를 만들 수 있습니다. 🌾

생각의
조각보

마틴 루터 킹 목사의 말입니다. "물질적으로 부유
해질수록 정신적으로, 영적으로 빈곤해 집니다. 우
리는 새처럼 공중을 날고. 물고기처럼 바다를 잠
수하여 헤엄칠 수 있는 복잡한 기술을 터득했습니다. 하지만 가진 것을
나누며 모두가 형제처럼 살아가는 간단한 기술은 터득하지 못했습니다."

당신은 세상을 변화시키고 싶습니까? 우리가 서로 사랑하고 서로 감사
하면 됩니다.

나의 감사

"그리스도께서 너희를 사랑하신 것 같이 너희도 사랑 가운데서 행하라 그는 우리를 위하여 자신을 버
리사 향기로운 제물과 희생제물로 하나님께 드리셨느니라" (에베소서 5장 2절)

聖 따미엔의
지고한 사랑

"하나님 감사합니다. 이제야 비로소 제가 저들 앞에서
'우리'라는 말을 떳떳하게 사용할 수 있게 되었습니다. 저의 기도를 들으시고
저에게 병을 허락해 주신 것을 진실로 감사를 드립니다."

미국 하와이의 정부 청사 앞에는 흉칙할 정도로 일그러져 보기에도 끔찍한 얼굴 모습을 한 동상이 하나 서 있습니다. 공공장소에 이런 이상한 동상이 서 있을까 의아해 하지만, 그 동상 아래 새겨진 글귀를 읽어보면 이해가 갑니다.

"성 따미엔. 이 사람은 우리를 위해 자기의 목숨을 버린 우리의 좋은 친구였습니다. 우리에게 이보다 더 귀한 친구가 있을까요?"

한센병의 아버지라 불리는 따미엔은 벨기에에서 태어났습니다. 그의 부모님은 대단한 갑부여서, 평생 호의호식하면서 얼마든지 편안하게 살 수 있었습니다. 하지만 그는 물려받은 재산을 모두 정리해서 가난한 사람들에게 나누어 주었고, 혈혈단신으로

하와이 군도의 한 섬인 몰로카이로 건너갔습니다.

그 당시의 몰로카이는 한센인만 모여 사는 섬이었기 때문에 절망과 죽음의 섬으로 불려졌습니다. 한센인의 친구가 되기 위해 순수한 마음으로 그 섬으로 찾아간 따미엔은 어떻게 하면 저 사람들에게 하나님의 사랑을 제대로 전할 수 있을까, 어떻게 하면 저들의 마음에 소망을 심어줄 수 있을까, 자나 깨나 그러한 생각으로 불타올랐습니다.

그러던 어느 날, 어두운 밤길을 걸어서 자신의 움막으로 돌아오다가 본의 아니게 한센인들이 나누는 대화를 엿듣게 되었습니다.

"흥, 자기야 몸이 성하니까 그런 배부른 소리를 하지. 우리처럼 병에 걸려서 날마다 몸이 썩어 들어가 봐! 어디에서 소망을 찾고, 어디에서 하나님을 찾는다는 말을 할 수가 있겠어!"

그 말을 들으며 따미엔은 큰 충격을 받았습니다. 자신의 움막에 돌아와 무릎을 꿇고 기도하기 시작했습니다.

"하나님! 저들의 말이 맞습니다. 제가 진정으로 사랑하기 위해서는 저들과 똑같은 모습이 되어야겠습니다. 저에게도 한센병을 주시기 바랍니다. 예수님은 저를 위하여 그 귀하신 몸을 버리지 아니하셨습니까. 하물며 이 미천한 종이오리까! 저에게도 그 병을 허락하여 주시옵소서."

간절히 기도하며 결심했습니다. 그리고 한센인의 고름 섞인

피를 자신의 몸에 수혈했습니다. 얼마 지나지 않아 그의 몸도 감각이 무디어지기 시작했습니다. 눈썹이 빠져나갔고, 손가락이 오그라들더니 마디가 떨어져 나갔습니다. 그는 한센병에 걸린 자신의 모습을 보면서 하나님께 진정으로 감사를 드렸습니다.

"하나님 감사합니다. 이제야 비로소 제가 저들 앞에서 '우리'라는 말을 떳떳하게 사용할 수 있게 되었습니다. 저의 기도를 들으시고 저에게 병을 허락해 주신 것을 진실로 감사를 드립니다."

그때부터 따미엔은 거리로 나가 만나는 사람들에게 이렇게 외쳤습니다.

"하나님은 한센병이 걸린 우리들도 지극히 사랑하십니다."

그 모습을 보고서 감동 받지 않을 사람이 어디 있겠습니까! 그곳에 있는 모든 한센인은 마음의 문을 활짝 열었습니다. 그리고 따미엔이 전하는 복음을 그대로 받아들였습니다. 따미엔의 사건으로 말미암아 절망과 죽음의 섬 몰로카이가 소망과 생명이 넘치는 섬으로 바뀌게 되었습니다.

이런 사람이 또 있습니다. '한센병의 어머니'라 불리는 다마끼 여인도 자신이 한센병에 걸린 것을 감사했습니다. 그녀는 한센병 환자들을 돌보다가 자기도 감염된 것을 발견하였습니다. 그 날 일기에 그녀는 이렇게 썼습니다.

"육의 눈이 가려지고 영의 눈이 열려 모든 것이 감사합니다. 눈썹이 빠지면서 눈썹의 고마움을 깨달았습니다. 눈썹이 없으면 먼지가 눈에 들어가 이렇게 괴로울 줄은 몰랐습니다. 하나님이 눈을 지켜 주시려고 눈썹을 주신 것처럼, 나에게 한센병을 주어 감사를 알게 하시고 영생을 보게 하셨습니다."

생각의
조각보

스코틀랜드의 유명한 설교가 알렉산더 우드로우 목사에게 외아들이 있었는데, 불의의 사고로 죽었습니다. 그 외아들의 장례식에서 우드로우 목사는 이렇게 기도했습니다.

"내 아들 썬디를 31년 동안 빌려 주셨던 것을 감사합니다. 천국에서 빨리 필요하셔서 그 녀석을 불러 주심을 더욱 감사하옵나이다."

나의 감사

"너희가 진리를 순종함으로 너희 영혼을 깨끗하게 하여 거짓이 없이 형제를 사랑하기에 이르렀으니 마음으로 뜨겁게 서로 사랑하라" (베드로전서 1장 22절)

극본에 없던 대사
"방 있어요!"

"방 있어요, 그럼요, 내 방을 써요!"
극본에 없는 대사였고, 연극은 그것으로 엉망이 되고 말았습니다.
하지만 숙연한 감동이 물밀 듯 밀려들었습니다.

성탄절을 맞아, 캐나다 몬트리올의 한 초등학교에서
특별 드라마를 준비하기 위해 연극에 등장할 배우
들을 모집했습니다. 랄프라는 4학년 학생이 있었는데, 그는 누
구보다도 연극을 하고 싶어 했습니다. 그러나 선천적으로 말을
더듬고, 생각도 민첩하지 못한 일종의 정서장애를 갖고 있었기
때문에 연극에 출연하기 힘들었습니다.

선생님은 어떻게 해서든지 랄프에게 용기를 주고 싶어 곰곰이
생각하다가 액션이 별로 없고 대사도 가장 적은 배역 하나를 찾
아냈습니다. 그것은 바로 요셉과 아기 예수님을 잉태하고 있는
마리아를 맞이하는 여관 주인의 역할이었습니다.

랄프의 역할은 요셉이 잉태한 마리아를 데리고 여관 문을 두드

렸을 때, 나와서 '방이 없어요!'라는 단 한마디 말만 하면 끝나는 것이었습니다. 선생님은 매일 랄프에게 열심히 연극 연습을 시켰습니다.

연극의 내용상 요셉과 마리아가 여관 주인과 몇 마디 더 주고받는 상황이기 때문에, 요셉이 "그럼, 큰일 났는데요. 제 아내가 곧 아기를 낳을 것 같아요. 어떻게 좀 봐 주세요."라고 말하면 "방 없어요."라고 같은 말을 세 번 반복하기로 서로 합의했습니다.

드디어 기다리던 크리스마스가 되었습니다.

연극이 시작되자 연극을 지도했던 모든 선생님들은 숨을 죽이고 랄프가 어떻게 역할을 감당하는가를 지켜보고 있었습니다. 마침내 요셉이 마리아를 데리고 여관 앞에 도착하는 장면이 되었습니다. 고통스러워하는 마리아를 부축하며 요셉은 다급히 여관 문을 두드립니다. 드디어 주인이 나왔습니다. 랄프는 또박또박 연습한대로 말을 했습니다.

"방 없어요."

그러나 요셉과 마리아는 가지 않고 여관 주인에게 한 번 더 매달렸습니다.

"그럼, 큰일 났는데요. 제 아내가 곧 아기를 낳을 것 같습니다. 어떻게 저에게 방을 줄 수 없나요?"

"방 없어요."

그때까지 랄프는 아주 또박또박 대사를 말하며 맡은 배역을 잘 해나갔습니다. 한 번만 더 하면 대성공이었습니다. 요셉이 마지막으로 여관 주인에게 사정합니다.

"이렇게 사정하겠습니다. 이 추운데 어디로 가란 말입니까? 곧 아기가 나올 것 같은데요. 부탁드립니다. 저희에게 방을 좀 주세요."

이 말을 듣자 랄프는 마리아를 물끄러미 오래 쳐다보았습니다. 한동안 말없이 서 있던 그의 눈에는 눈물이 글썽거리기 시작했습니다. 그리고는 큰 소리로 이렇게 말하는 것이었습니다.

"방 있어요! 그럼요, 내 방을 써요!"

각본에 없는 대사였고, 연극은 그것으로 엉망이 되고 말았습니다. 하지만 숙연한 감동이 물밀 듯 밀려들었습니다. 지켜 본 수많은 관중은 가장 뜻 깊은 성탄 연극을 보았다고 말했습니다.

"방 있어요!"

주님의 은혜를 경험하는 순간 우리는 그분의 사랑에 압도됩니다. 주님의 은혜와 사랑에 감사하는 마음이 생기면, 자연히 그분의 영광을 구하게 되고 그분을 섬기는 것을 기쁨으로 알게 됩니다. 참된 은혜와 사랑은 기쁨을 갖게 하고 경건한 감상의 삶을 살게 합니다.

'SISO(Success In Success Out) 법칙'이라는 것이 있습니다. 성공을 입력하면 성공이 출력된다는 말입니다. 'FIFO(Failure In Failure Out) 법칙'이라는 것도 있습니다. 실패를 입력하면 실패가 출력된다는 뜻입니다.

감사와 불평, 기쁨과 슬픔, 행복과 불행도 모두 마찬가지입니다. 감사를 입력했는데 불평이 출력되는 경우는 없고, 불평을 입력했는데 감사가 출력되는 경우도 없습니다.

나의 감사

"또 무엇을 하든지 말에나 일에나 다 주 예수의 이름으로 하고 그를 힘입어 하나님 아버지께 감사하라" (골로새서 3장 17절)

어느 재소자의
사랑고백

"... 하나님! 평생을 창살에 갇혀 살아야한다 할 때에도 당신의 이름을 부르지 않았습니다.
하지만 지금 이 순간 자유를 갈망하는 범죄자의 모습이 아닌 가여운 할머니를
애타게 그리워하는 손자의 모습으로 당신 앞에 무릎 꿇고 기도드립니다."

2012년 가을, 아름다운동행 감사운동추진위원회
에서 주최한 제1회 '감사 이야기' 공모전에, 한
재소자가 감사편지를 보내왔습니다. 자신을 키워준 할머니에게
보내는 이 편지는 많은 사람들의 가슴을 적시었습니다.
그의 감사편지를 소개합니다.

"아픈 기억입니다. 지워지지도 않고 지워낼 수도 없는 낙인
처럼 늘 저를 아프게 하는 상처가 되었습니다.
"859번 면회!"
무거운 발걸음으로 들어선 그 곳에 당신이 서 계십니다. 유
리벽 하나를 사이에 두고 당신이 울고 계십니다. 손을 뻗어

당신의 눈물을 수백 번, 아니 수천 번도 더 닦아드렸지만 당신의 눈물은 멈추어지지 않습니다.

당신의 얼굴을 볼 수 있는 10분이라는 정해진 시간도 이제 얼마 남지 않았습니다. 그런데도 당신은 울고만 계십니다. 그렇게 울고 울다 결국 그치지 않는 눈물을 억지로 참고 흐느끼며 저에게 묻습니다.

"춥지는 않냐?"

그리고 오늘이 우리 손자 보는 마지막이 될 것 같아 오셨다고 말씀하십니다.

"삐~" 제게 허락된 시간이 다 되었습니다. 당신의 말이 더 이상 들리지가 않습니다. 하지만 당신은 무언가를 계속 이야기 하십니다. 그리곤 다시 울고 계십니다.

"859번!"

누군가 저를 부릅니다. 이제 정말 당신과 헤어져야 합니다. 그런데 당신의 시선이 저를 놓아주지 않습니다. 가슴이 너무 아파옵니다. 그리고 무언가가 자꾸 두 뺨을 타고 흘러내립니다. 아직 할 말이 남았습니다.

갓 태어나 버려졌던 저를 사랑으로 키워주신 당신 이십니다. 한 평생을 가녀린 손으로 거친 텃밭만 일구며 살아오셨고 항상 당신의 아픔보다는 가족의 아픔을 먼저 걱정하시는 당신이셨습니다. 이른 새벽이면 가족을 위해 눈물로 기도하시던 당신….

그런 당신께 저는 평생 아픔과 상처만 주며 살아왔습니다. 그런데 지금 당신은 '마지막'을 이야기하십니다.

두렵고 무섭습니다. 저는 아직 당신과 이별할 준비를 하지 못했습니다. 그리고 당신께 전하지 못한 말들이 너무나도 많이 남아있습니다.

"키워주셔서 고맙습니다."

"태어나 한 번도 당신을 사랑하지 않은 날이 없었습니다."

"평생 눈물만 흘리게 해서 죄송합니다."

그래서 지금 많이 아파하고 있다고…말씀드리고 싶습니다.

기도합니다.

하나님!

평생을 창살 안에 갇혀 살아야한다 할 때에도 당신의 이름을 부르지 않았습니다. 하지만 지금 이 순간 자유를 갈망하는 범죄자의 모습이 아닌 가여운 할머니를 애타게 그리워하는 손자의 모습으로 당신 앞에 무릎 꿇고 기도드립니다.

한 평생 마음속에 슬픔만 담고 살아오신 가여운 분이십니다. 부디 못난 저로 인해 차갑게 식어버린 그 마음이 조금은 따뜻해질 수 있도록 당신의 품속으로 인도하여 주십시오.

이제는 힘들었던 당신 삶에 슬픔보다는 기쁨이, 눈물보다는 웃음이, 아픔보다는 사랑이 함께 할 수 있도록 허락하여 주십시오. 저 또한 세상 가장 낮은 곳일지도 모르는 이곳에서 사랑하는 그 분을 위해 기도하며 살겠습니다.

그리고 못난 손자가 당신을 많이 사랑하였음을 전하여 주십시오. 또한 당신과 함께 하면서 늘 따뜻했었다고, 그래서 춥지 않았었다고 말하여 주십시오. 아멘."

우리 인생에는 때때로 고마움을 느끼게 하는 사람이 등장합니다. 그럴 때 감사편지를 쓰는 일은 기분 좋은 일이 아닐 수 없습니다. 내가 쓴 감사편지가 누군가의 우편함에 도착한 후, 어떠한 기적이 일어날지 모르는 일입니다.

'원수는 돌에 새기고 은혜는 물에 새긴다.'는 말이 있습니다. 어떤 사람이 자기가 형 밑에서 개만큼도 대접을 받지 못했다고 불평하니까, '당신은 개만큼도 감사할 줄 모르는 사람'이라고 책망했다고 합니다. 감사할 줄 모르는 사람은 무례한 사람입니다. 하나님께도 사람에게도 인정을 받지 못할 것입니다.

감사의 마음을 표현하는 것은 우리가 서로에게 할 수 있는 가장 아름다우면서도 강력한 행위 중 하나입니다. 그 중에서도 감사편지는 감사의 마음을 전하는 가장 멋진 방법이라고 생각합니다.

생각의
조각보

재소자가 아름다운동행 신문사로 보내온 편지의 서
두는 이렇습니다.

"지난날의 과오로 인해 자유를 잃고 담장 안 세상
에서 살아가고 있는 35살 ○○○라고 합니다. 제 마음속 한 켠에 자리한
할머니를 그리워하며 할머니께 미처 전하지 못한 말과 저의 마음을 적어보
았습니다. 소중한 그 분께서 어디에선가 저의 마음을 받아보셨으면 좋겠습
니다. '아름다운 동행'이라는 말처럼 저 또한 사랑하는 그 분과 함께 했던
시간을 뒤돌아볼 수 있어서 행복했습니다. 감사합니다."

나의 감사

"강한 손과 펴신 팔로 인도하여 내신 이에게 감사하라 그 인자하심이 영원함이로다" (시편 136편 12
절)

주님께서 주시는 것이라면 무엇이든 받겠습니다.

명예와 영광이라 해도 주님께서 주시는 것이라면 받겠습니다.

모욕과 욕설이라도 주님께서 주시는 것이면 달게 받겠습니다.

오, 저희를 도우시어

어느 것이라도 동일한 기쁨과 감사로 받게 하소서.

두 가지 사이에는 별 차이가 없습니다.

'주님께서 주신 것'이라는 한 가지 사실만 기억한다면.

- 키에르케고르

3부

고난의 축복

아직 두 팔이
있습니다

"저는 두 다리를 쓰지 못하게 되었지만 잃은 두 다리를 생각하기 보다는
아직도 쓸 수 있는 두 팔을 바라보면서 새로운 희망을 찾았습니다."

4년마다 열리는 지적 발달 장애인들의 스포츠 축제가
있습니다. 국제올림픽위원회가 인정하는 3대 올림픽
의 하나인 스페셜 올림픽이 바로 그것입니다. 이 올림픽이 열릴
때마다 우리는 보도를 통해 일반 올림픽에서 보기 어려운 수많
은 감동 스토리들을 만나게 됩니다. 보통 사람으로는 상상할 수
없는 놀라운 일들이 선수들을 통해서 일어납니다.

오랜 세월이 흘렀지만 아직도 사람들의 기억 속에 있는 선수가
있습니다. 에티오피아 출신의 '아베베 비킬라'라는 마라톤 선수
입니다. 1960년 로마 올림픽과 1964년 도쿄올림픽 금메달리스
트인 아베베는 맨발로 마라톤(42.195km)를 한다고 해서 그에게
'맨발의 영웅'이라는 별칭이 있습니다. 그는 도쿄올림픽 한 달

전에 맹장 수술을 받아 채 회복되지도 않은 몸으로 출전하고서도 금메달을 목에 걸어 더욱 주목을 받았습니다.

그러나 1968년 멕시코 올림픽에서는 마라톤 도중에 골절이 돼서 중도에 포기해야만 했고, 설상가상으로 얼마 있지 않아 교통사고를 당해 하반신이 마비되어 결국 두 다리를 쓰지 못하게 되었습니다. 사람들은 아베베가 사고로 마라톤 선수 생명이 끝난 것을 모두 아쉬워했습니다.

그러나 아베베는 달리는 것을 포기하지않았습니다. 놀랍게도 그는 2년 뒤에 노르웨이에서 열린 장애인 올림픽의 전신인 스토크 맨더빌 게임에서 우승을 했습니다.

"저는 두 다리를 쓰지 못하게 되었지만 잃은 두 다리를 생각하기 보다는 아직도 쓸 수 있는 두 팔을 바라보면서 새로운 희망을 찾았습니다."

장애인 올림픽에서 양궁으로 금메달을 딴 아베베의 고백입니다.

이러한 아베베의 모습은 우리에게 없는 것을 보지 말고 있는 것을 바라보라는 교훈입니다. 우리는 모든 것을 다 잃어도 우리의 희망 되신 예수님이 우리와 함께하시기 때문에 어떤 절망도 넉넉히 이길 수 있습니다.

우리는 절대로 포기할 수 없습니다. 우리는 절대로 멈춰 설 수 없습니다. 예수님께서 우리와 함께하시기 때문에 우리는 소망 중에 즐거워할 수 있습니다.

생각의
조각보

존 번연은 얼음장 같은 감옥 속에서 천로역정을 집필했습니다.

파스퇴르는 반신불수 상태에서 질병에 대한 면역체를 개발했습니다.

에디슨은 청각 장애자였으나 축음기를 발명했습니다.

프랭클린 루즈벨트는 지체 장애인이었으나 미국의 대통령이 됐습니다.

밀턴은 시각 장애인이 된 후에 '실락원'을 집필했습니다.

비결은 그들이 드렸던 감사기도에 있었습니다.

나의 감사

"고난 당한 것이 내게 유익이라 이로 말미암아 내가 주의 율례들을 배우게 되었나이다"(시편 119편 71절)

주눅,
생각 나름입니다

"안면 장애의 고통과 사람들의 따가운 시선 속에서도 질병을 바라보지 않고 하나님만 바라보았더니 긍정적인 마음이 생겼고 감사할 수 없을 때 감사를 할 수 있었습니다. 저는 행복의 부자, 감사의 부자, 사랑의 부자입니다."

사람들은 행복을 찾아 헤매고 있습니다. 많이 소유할 때 행복을 얻게 되는 것이라고 믿는 사람들은 물질, 명예, 권세를 얻기 위해 노력합니다. 정말 진정한 행복이란 물질적인 것을 얻거나 세상에서 출세한다고 얻을 수 있는 것일까요? 진정한 행복은 하나님의 은혜뿐 입니다. 구원의 은혜 말입니다.

역경 속에서도 행복의 참의미를 깨달은 사람을 소개합니다. 도저히 감사할 수 없는 주눅 드는 조건 속에서 '행복의 부자, 감사의 부자, 사랑의 부자'라고 외친 구세군 교회의 김희아 부교입니다.

그녀는 얼굴 한쪽을 다 덮은 점을 가지고 태어나 부모에게 버려져 보육원에서 자랐습니다. 그러니 사람들 앞에서 늘 주눅이 들었습니다. 게다가 점으로 덮이지 않은 쪽 얼굴에 '상악동 암'이란 것이 발병했습니다. 뼈까지 잘라내야 하는 수술을 해야 했습니다. 안면 장애가 찾아왔고 사람들은 그녀의 얼굴을 보고 수군거리기 시작했습니다.

"밥 맛 없다! 저 일그러진 얼굴을 하고 어떻게 사나?"

이런 말과 따가운 시선을 대할 때마다 그녀는 계속해서 주눅이 들고 가슴이 아팠습니다.

하지만 그녀는 하나님의 살아 계심과 하나님의 사랑을 알기에 모든 것을 극복해낼 수 있었습니다. 비록 부모님은 자신을 버렸지만, 그 가난하고 배고프던 시절동안 보육원에 있었기에 배고프지 않을 수 있었다고 생각했습니다. 보육원에서 예수님을 만났으니 그곳에서의 삶이 축복이라고 생각했습니다. 이처럼 예수님의 사랑을 깨닫게 되자 늘 감사와 긍정적인 마음을 통해 살아갈 힘을 얻었습니다. 그러자 그녀는 이제 자신을 향해 경멸의 말을 던지는 사람들을 위해 도리어 기도할 수 있었습니다.

그렇게 마음을 정하고 하나님만 바라본 그녀에게 놀라운 일이 일어나기 시작했습니다. 하나님께서는 얼굴의 점까지도 복점이라며 그녀 곁을 지켜주는 따뜻하고 자상한 남편을 만나게 하셨고, 결국 행복한 가정을 이루어 두 아이의 엄마가 되게 하셨습니다.

엄마의 따뜻한 마음을 쏙 빼닮은 아이들은 엄마의 장애를 부끄러워하지 않았습니다. 엄마 얼굴을 덮고 있는 점을 장애로 보지 않고 '복점'이라고 이야기하며 누구보다 엄마를 사랑하고 존경합니다.

감사하며 긍정의 삶을 산 그녀는 'KBS 주부 스타 강사 오디션'에서 진솔함을 담은 자신의 이야기로 우승하였습니다.

그녀는 이렇게 고백합니다.

"안면 장애의 고통과 사람들의 따가운 시선 속에서도 질병을 바라보지 않고 하나님만 바라보았더니 긍정적인 마음이 생겼고 감사할 수 없을 때 감사를 할 수 있었습니다. 저는 행복의 부자, 감사의 부자, 사랑의 부자입니다."

그녀는 감사할 수 없을 때 감사하는 것이 진정한 감사라고 고백하며, 많은 사람들에게 하나님을 만나는 행복을 전하는 강사가 되어 세상 곳곳에 복음을 전하고 있습니다. 자신의 경험과 행복을 다른 사람들과 함께 나눔으로써 더 풍성한 행복을 만들어가고 있습니다.

그녀의 삶은 진정한 행복은 돈과 명예, 성공, 멋진 외모에서 오는 것이 아님을 증명하고 있습니다. 삶의 가치와 목적을 하나님의 영광에 두는 사람이, 진정한 행복을 품은 사람입니다. 또한 그 행복을 감사함으로 나눌 때 더 큰 기쁨이 찾아옴을 삶으로 보여주고 있습니다.

생각의
조각보

'슬픔의 나무'에 관한 이야기가 있습니다.

그 이야기 속에서는 누구나 죽으면 커다란 슬픔의 나무 밑으로 먼저 갑니다. 그동안 겪었던 모든 고통과 불행을 슬픔의 나뭇가지에 걸어 놓고, 나무 주위를 돕니다. 자신보다 덜 고통스럽게 보이는 게 있으면 바꾸기 위해서입니다. 그러나 결국에는 누구나 자신의 것을 다시 선택하고 맙니다.

나의 고통이 가장 가볍습니다. 남의 고통보다 나의 고통이 더 크고 무거워 보이는 것 같지만 실은 그렇지 않습니다. 그런데도 사람들은 자신의 것이 더 크고 무겁다고 생각하여 점점 더큰 고통 속에 빠집니다.

나의 감사

"우리 주 예수 그리스도로 말미암아 우리에게 승리를 주시는 하나님께 감사하노니" (고린도전서 15장 57절)

사흘만
볼 수 있다면...

"나는 나의 역경에 대해서 하나님께 감사합니다. 왜냐하면 나는
역경 때문에 나 자신, 나의 일, 그리고 나의 하나님을 발견했기 때문입니다.
나는 눈과 귀와 혀를 빼앗겼지만, 내 영혼을 잃지 않았기에
그 모든 것을 가진 것이나 마찬가지입니다."

헬렌 켈러는 태어난 지 19개월 되던 때 열병을 앓은 후, 시각과 청각을 모두 잃어버렸습니다. 하지만 설리번 선생님을 만나 교육의 기회를 얻어 1900년에 하버드 대학교 래드클리프 대학에 입학할 수 있었습니다. 그녀는 세계 최초의 대학교육을 받은 맹·농아자로 1904년 하버드 대학교를 우등생으로 졸업하였습니다. 그녀는 자신의 장애에 대한 생각을 이렇게 말했습니다.

"나는 나의 역경에 대해서 하나님께 감사합니다. 왜냐하면 나는 역경 때문에 나 자신, 나의 일, 그리고 나의 하나님을 발견했기 때문입니다. 나는 눈과 귀와 혀를 빼앗겼지만, 내 영혼을 잃지 않았기에 그 모든 것을 가진 것이나 마찬가지입니다."

헬렌 켈러는 어느 날 숲 속을 다녀온 친구에게 무엇을 보았느냐고 물었습니다. 그 친구는 특별한 것이 없었다고 했습니다. '두 눈을 뜨고도, 두 귀를 열고도 특별히 본 것도, 들은 것도 없고, 전해 줄 말조차 별로 없다니!' 헬렌 켈러는 도무지 이해할 수 없었습니다.

그래서 헬렌 켈러는 '만약 내가 단 사흘만이라도 볼 수 있다면….' 이러한 생각을 하며 글을 썼습니다. 리더스 다이제스트는 바로 이 '사흘 만 볼 수 있다면Three days to see'이란 글을 '20세기 최고의 수필'로 선정하였습니다. 우리가 무심코 마주하는 이 세계가 날마다 기적 같은 것임을 일깨워주었기 때문입니다. '사흘만 볼 수 있다면'이란 제목의 글은 이렇습니다.

"첫째 날에는 나는 친절한 겸손과 우정으로 내 삶을 가치 있게 해준 설리번 선생님을 찾아가, 이제껏 손끝으로 만져서만 알던 그녀의 얼굴을 몇 시간이고 물끄러미 바라보면서 그 모습을 내 마음 속에 깊이 간직해 두겠습니다. 그러고는 밖으로 나가 바람에 나풀거리는 아름다운 나뭇잎과 들꽃들, 그리고 석양에 빛나는 노을을 바라보고 싶습니다.

둘째 날에는 먼동이 트며 밤이 낮으로 바뀌는 웅장한 기적을 보고 나서, 서둘러 메트로폴리탄에 있는 박물관을 찾아가 하루 종일 인간이 발전해 온 행적을 눈으로 확인해 볼 것입니다. 그리고 저녁에는 보석 같은 밤하늘의 별들을 바라보면서 하루를 마무리하겠습니다.

　마지막 셋째 날에는 사람들이 일하며 살아가는 모습을 보기 위해 아침 일찍 큰 길에 나가 출근하는 사람들의 얼굴 표정을 볼 것입니다. 그리고 나서 오페라 하우스와 극장에 가 공연과 영화들을 보고 싶습니다. 어느덧 저녁이 되면 네온사인이 반짝거리는 거리의 쇼윈도에 진열돼 있는 아름다운 물건들을 보면서 집으로 돌아와 나를 이 사흘 동안만이라도 볼 수 있게 해 주신 하나님께 감사의 기도를 드리고 다시 영원한 암흑의 세계로 돌아가겠습니다.”

　헬렌 켈러가 사흘 동안 보고 싶은 것들은 별다른 것이 아닙니다. 다만 우리가 지금 눈뜨고 보면서도 갖지 못하는 감격이 그에게 있을 뿐입니다. 📖

사람들이 아침부터 제각기 무거운 십자가를 지고 먼 길을 가고 있었습니다. 점심 때가 되자, 몇몇 사람이 꾀를 내어 톱으로 자기 십자가를 잘라 내었습니다.

어느덧 해가 기울고 사람들은 모두 종착점에 도착했습니다. 그런데 그곳엔 뛰어넘을 수 없는 큰 도랑 하나가 흐르고 있었습니다.

건너편에는 예수님이 미소를 띠고 서 계셨습니다. 사람들은 기쁜 얼굴로 예수님을 향해 각자 지고 온 십자가를 도랑 위에 걸치고 건너가기 시작했습니다. 그러나 십자가를 자른 사람들은 그 길이가 짧아 도랑을 건널 수 없었습니다.

나의 감사

"나에게 이르시기를 내 은혜가 네게 족하도다 이는 내 능력이 약한 데서 온전하여짐이라 하신지라 그러므로 도리어 크게 기뻐함으로 나의 여러 약한 것들에 대하여 자랑하리니 이는 그리스도의 능력이 내게 머물게 하려 함이라" (고린도후서 12장 9절)

감사를 더하면
축복입니다

"하나님! 비록 귀는 다 타 버렸지만, 소리 듣는데 지장 없고,
한쪽 눈은 실명했지만, 남은 한 눈으로 세상을 볼 수 있게 해 주시니 감사합니다.
입술은 없어졌지만, 하나님의 사랑과 진리를 전할 수는 있어 감사합니다."

영국의 신학자 매튜 헨리Matthew Henry는 "감사는 '더하
기'와 같아서 모든 것에 감사하면 거기에 하나님의
축복이 더해진다. 그러나 반대로 원망과 불평은 '빼기'와 같아서
있는 것까지 빼앗기고 없어진다"고 했습니다.

이처럼 감사에 감사를 더하고 사랑을 실천하다가 몇 년 전 향
년 70세로 주님 품에 안긴 채규철 교장의 이야기를 소개하고자
합니다. 교육자이며 사회 운동가인 그는 'ET 할아버지'로 불립니
다. 온몸이 녹아내리는 화상을 입은 모습이 '외계인' 같다고 붙여
진 별명입니다.

화상을 입기 전 그는 하나님의 은혜로 덴마크에 유학하여 선진
농업 기술을 배웠고, 귀국 후 장기려 박사와 함께 가난한 사람들

도 치료받을 수 있는 '청십자 의료보험조합'을 시작했습니다.

그런데 그가 31살 때, 가파른 언덕에서 차가 굴러 폭발하는 바람에 전신 50%의 3도 화상을 입었습니다. 겨우 목숨은 건졌지만, 청력이 손상되고, 한쪽 눈은 멀고, 녹아내린 손은 갈퀴처럼 되어 버렸습니다. 눈, 코, 입, 귀가 다 뭉개진 흉측한 모습의 그를 사람들은 징그럽다고 모두 피했습니다.

서른 번에 걸친 고통스러운 수술, 2년간 자신을 간호하다 몸이 쇠약해져 세상을 떠난 아내, 끝없는 절망의 연속이었습니다. 이런 상황 속에서 그는 하나님이 원망스러워 죽고 싶다는 생각도 했습니다.

그러나 그는 하나님의 뜻이 있을 거라 믿고 '죽음' 대신 '감사'를 선택했습니다. "이런 모습으로 나를 살리신 하나님의 뜻이 분명히 있을 것이다. 아멘으로 순종하고 감사하자." 그 후 그의 삶은 180도 변했고, 모든 것에 감사하기 시작했습니다.

"하나님! 비록 귀는 다 타 버렸지만, 소리 듣는데 지장 없고, 오히려 한겨울 추운 날에도 귀가 시리지 않으니 감사합니다. 피고름 나던 머리에서 새 머리카락이 나오게 해 주시니 감사합니다. 귀도 없는 일그러진 얼굴을 머리카락이 조금이라도 가려주니 감사합니다. 한쪽 눈은 실명했지만, 남은 한 눈으로 세상을 볼 수 있게 해 주시니 감사합니다. 입술은 없어졌지만, 하나님의 사랑과 진리를 전할 수는 있어 감사합니다."

그렇게 넘치는 감사로 나아가며, 일평생 이웃들을 위한 사랑의 삶을 살았습니다. 청십자 조합 일을 계속했고, 간질 환자들의 복지를 위한 '장미회'를 설립했으며, '장기기증본부'도 만들었습니다. 뿐만 아니라 매년 자원봉사자 100명을 데리고 소록도로 가서 한센병 환자들을 목욕시키고 빨래도 해 주고 말동무가 되어주었습니다. 또한 수많은 강연을 통해 감사를 전파함으로 절망에 처한 이들에게 사랑과 소망을 전하는 삶을 살았습니다.

감사에 감사를 더하고, 또 감사를 더한다면 우리 삶 가운데 하나님의 축복이 넘쳐날 것이며, 우리가 살아가는 이 세상은 더욱 아름다워질 것입니다. 📖

생각의
조각보

매튜 헨리 목사님은 어느 날 길을 가다가 골목에서 강도를 만나 가진 것을 모두 **빼앗겼습니다**. 그리고 집에 들어가 무릎을 꿇고 이렇게 기도했습니다.

"오늘 강도를 만났지만 지금까지 강도를 만나지 않았던 것을 감사합니다.

지갑을 빼앗겼지만 생명을 빼앗기지 않은 것을 감사합니다.

호주머니에 있는 것만 빼앗기고 집에 있는 것은 그대로니 감사합니다.

제가 강도 만난 사람이지만 강도가 아닌 것이 감사합니다."

나의 감사

"생각하건대 현재의 고난은 장차 우리에게 나타날 영광과 비교할 수 없도다" (로마서 8장 18절)

사지가 없어도
이렇게 감사해요

"어린 시절에 저는 평생 직업을 가질 수 없을 것 같고, 대학을 갈 수 없을 것 같고,
결혼할 수 없을 것 같고, 아빠가 될 수 없을 것 같았습니다. 도무지 미래가 보이지
않았던 나의 절망에 하나님께서는 기적처럼 날개를 달아 주셨습니다.
우리에게는 보이지 않는 날개가 있습니다."

20 10년 우리나라를 방문하여 많은 이들에게 희망
을 선사하였던 닉 부이치치Nick Vujicic가 새로운
책 '플라잉'을 출판하면서 또 한 번 한국을 방문하였습니다. 팔
다리가 없이 태어나 많은 시련과 고난을 겪었지만, 그에게서 우
리는 '희망'을 봅니다.

닉은 신실한 목회자인 부모님 사이에서 태어났지만 자신의 장
애로 인해 8세 이후 세 번이나 자살을 시도했습니다. 하지만 부
모님의 전폭적인 사랑으로 그는 15세에 하나님을 인격적으로
만나고, 새로운 삶을 살게 되었습니다.

팔다리가 없어도 스케이트보드를 타고, 서핑에 도전하고, 요
리를 하고, 드럼을 연주하고, 골프를 하고, 컴퓨터를 합니다.

그렇게 장애를 극복하고 꿈을 이루는 그의 긍정
적인 삶의 태도는 많은 사람들에게 큰 희망의 메시
지가 됩니다.

그런 그가 아름다운 여성과 결혼한 후 '팔다리가 있는' 건
강한 아들을 얻어 더없이 행복한 나날을 보내고 있습니다.

그는 절망하는 사람들에게 이렇게 외칩니다.

"어린 시절에 저는 평생 직업을 가질 수 없을 것 같고, 대학을
갈 수 없을 것 같고, 결혼할 수 없을 것 같고, 아빠가 될 수 없을
것 같았습니다. 도무지 미래가 보이지 않았던 나의 절망에 하나
님께서는 기적처럼 날개를 달아 주셨습니다. 우리에게는 보이
지 않는 날개가 있습니다. 이 날개는 행동으로 옮길 때 느낄 수

있는 날개입니다. 믿음의 날개를 달고 세상의 중력을 거슬러 박차고 날아올라야 합니다. 주님과 동행할 때 어떤 순간에도 절망을 딛고 희망을 바라볼 수 있습니다. 그래서 앞으로도 하나님께서 주신 뜻을 향한 저의 결단과 도전은 계속될 것입니다. 저를 사랑으로 세상에 보내신 하나님께 감사하며 당신도 저와 같이 도전하지 않겠습니까?"

닉의 삶은 희망 그 자체입니다. 그를 보면서 절망할 사람은 아무도 없습니다. 어떤 순간에도 절망을 딛고 희망을 보고 힘차게 날아오른 닉의 끝없는 도전은 여전히 계속되고 있습니다. 그는 우리에게 함께 도전하자고 말합니다.

"늘 감사하며 살라. 아무 때고 틈 날 때마다 웃으라. 사노라면 갈수록 태산이란 말이 실감날 때가 있다. 태산을 넘어가는 방법은 '의연하게 넘어가는 것' 뿐이다. 감사와 유머는 생명의 보고다. 앞을 가로막는 태산을 저주할 게 아니라 새로운 도전을 받게 하시고 역경을 통해 교훈을 얻게 하신 분께 감사하라. 최소한 새날을 주시고 정황을 바꾸고, 앞으로 한 발 더 내딛고, 사랑하는 이들과 더불어 웃을 기회를 주신 걸 고맙게 여기라."

닉의 팔다리는 믿음과 사랑과 감사로 메워져 있습니다. 그리고 믿음의 날개를 달고 창공을 날아갑니다. 🔖

생각의
조각보

예수 수난극을 관람한 한 부부의 이야기입니다. 연극을 보면서 큰 감동을 받은 그들은 무대 뒤로 가서 예수 역할을 한 배우를 만나 함께 사진을 찍었습니다. 그때 남편이 부인에게 말했습니다. "여보, 십자가를 지고 가는 내 모습을 한번 찍어 줘요."

그러나 십자가가 너무 무거워 짊어질 수가 없었습니다. "왜 이렇게 무겁죠?" 남편이 배우를 돌아보며 물었습니다. 그러자 배우가 이렇게 말했습니다.

"만일 무거움을 느끼지 않았다면, 나는 그 역을 해내지 못했을 것입니다."

나의 감사

"하늘이여 노래하라 땅이여 기뻐하라 산들이여 즐거이 노래하라 야훼께서 그의 백성을 위로하셨은즉 그의 고난 당한 자를 긍휼히 여기실 것임이라" (이사야 49장 13절)

한국의 폴 포츠 탄생

"자살하고 싶은 마음이 들 때마다 하나님을 찾았습니다.
십자가를 부여잡고 거기에서 들려오는 음성을 들으러 몸부림쳤습니다.
그렇게 십자가의 사랑으로 변화된 저는 이제 하나님께 원망이 아니라
감사의 기도를 드릴 수 있습니다. 이제 저는 껌팔이, 노숙자, 버려진 인생에서
희망의 증거가 되어 주님을 찬양하고 있습니다."

'재능 기부'라는 말이 있습니다. 자신이 가진 재능을 나 자신만을 위해서 사용하는 것이 아니라 다른 이들과 함께 나누는 새로운 기부 형태를 말합니다. 프로 보노(Pro Bono)라는 말로 널리 알려지고 있는 이 '재능 기부'야말로 재능을 선물로 주신 하나님께 온전히 감사하는 방법이며, 그 재능을 값지게 사용하는 것입니다.

'한국의 폴 포츠'라 불리고 있는 최성봉 군의 이야기를 소개합니다. 그는 3살 때 고아원에 맡겨졌다가 5살 때 고아원을 나와 껌팔이를 하며 10여 년 동안 홀로 노숙을 해야 했습니다. 죽을 뻔 한 날도 부지기수였습니다. 한번은 나이트클럽에 화재가 나자 불을 질렀다고 오해를 받아 칼에 맞고 산에 묻힌 적도 있었습

니다.

그러던 어느 날, 나이트클럽에서 껌을 팔다가 한 성악가가 노래하는 모습을 보고 '세상에 저런 목소리도 있다니…….' 하며, 표현할 수 없는 설렘을 느꼈습니다. 성악을 배우기 위해 인터넷을 뒤지다가 찾아간 사람이 당시 대학생이던 박정소 단장이었습니다.

그는 처음 만난 악단 단장에게 무작정 노래를 가르쳐 달라고 매달렸답니다. 박 단장이 부모님께 허락은 받았느냐고 물었고, 그는 부모도 안 계시고 돈도 없다고 대답했습니다. 박 단장은 도저히 믿기지가 않아 그의 집을 직접 방문했는데, 그때 그는 대전 시외버스터미널의 컨테이너 박스에서 살고 있었습니다.

"이전까지 저는 공중 화장실을 전전하며 그곳에서 새우잠을 자면서 살았습니다. 이곳은 아주 괜찮아요."

이 말을 들은 박 단장은 아무 대가도 없이 최성봉 군을 가르쳐 주었습니다. 자신의 재능을 나눈 것입니다.

그러던 어느 날 성가대 지휘를 하는 박 단장의 인도로 교회에 출석하게 되었고, 예배를 드리다가 그는 '십자가에서 피 흘려 죽으신 예수님'을 만났습니다. 십자가 사랑을 체험한 그는 할 수 있다는 믿음으로 검정고시에 도전하여 초등학교, 중학교 졸업했습니다. 그리고 고교 진학을 위해 하나님께 기도하며 준비한 끝에 예고에 합격도 했고 권위있는 콩쿨에 나가 준우승까지 했습니다.

그때를 회상하며 최성봉 군은 이렇게 말합니다.

"저는 자살하고 싶은 마음이 들 때마다 하나님을 찾았습니다. 십자가를 부여잡고 거기에서 들려오는 음성을 들으려 몸부림쳤습니다. 그렇게 십자가의 사랑으로 변화된 저는 이제 하나님께 원망이 아니라 감사의 기도를 드릴 수 있습니다. 이제 저는 껌팔이, 노숙자, 버려진 인생에서 희망의 증거가 되어 주님을 찬양하고 있습니다."

하나님께서 나에게 선물로 주신 재능은 무얼까요? 그것이 무엇이던 함께 나누면 세상은 아름다워지고 더 큰 감사가 가슴에 넘치게 되는 것. 이것이 나눔의 행복이고, 축복입니다.

하늘에서 천사가 내려와 사람들에게 행복을 나누어 주겠다고 모두 모이라고 했습니다. 사람들은 기쁜 마음으로 단숨에 달려갔습니다. 그런데 천사는 달려온 사람들에게 '행복 바구니'와 함께 '불행 바구니'도 한 개씩 나누어 주었습니다.

두 바구니를 받아든 사람들이 천사에게 항의했습니다.

"행복을 나누어 주겠다고 해놓고 왜 불행도 나누어 주는 것입니까?"

그러자 천사가 말했습니다.

"행복과 불행은 서로 떨어질 수 없는 사이입니다."

나의 감사

"그리스도의 고난이 우리에게 넘친 것 같이 우리가 받는 위로도 그리스도로 말미암아 넘치는도다" (고린도후서 1장 5절)

무인도에서의
감사

"불행 속에서도 죽지 않고 살아났다는 사실이 감사하다. 무인도에서
굶어죽지 않은 것에 감사한다. 옷이 한 벌 밖에 없었지만 날씨가 따뜻해
옷이 필요하지 않아서 감사하다. 무인도이니 적이 없어 감사하다. 친구가 없어도
오히려 아름다운 자연과 더불어 지낼 수 있음을 감사한다."

소설 '로빈슨 크루소'는 주인공 로빈슨 크루소가 항해 중에 바다에서 풍랑을 만나 배가 난파되어 홀로 떨어진 무인도에서 지내는 이야기입니다. 그 소설 속에서 크루소를 통해 느낀 점이 많습니다.

특히 그곳에서 크루소는 다음과 같이 감사의 고백을 합니다.

"불행 속에서도 죽지 않고 살아났다는 사실이 감사하다. 무인도에서 굶어 죽지 않은 것이 감사하다. 옷이 한 벌 밖에 없었지만 날씨가 따뜻해 옷이 필요하지 않아서 감사하다. 무인도이니 적이 없어 감사하다. 친구가 없어도 오히려 아름다운 자연과 더불어 지낼 수 있음을 감사한다."

크루소는 무인도에서 지내면서도 넘치는 감사로 살았습니다.

그리고 그는 창의와 연구, 근면과 노력으로 착실하게 무인도 생활을 설계해 나갑니다. 우선 배에서 식량과 의류 등을 운반하여 오두막집을 지었습니다. 그리고 염소를 길러 고기와 젖을 얻고 곡식을 재배하였습니다. 또 무인도에 상륙한 식인종의 포로를 구출하기도 하고, 무인도에 기착한 반란선을 진압하여 선장을 구출하기도 하였습니다. 그리고 결국 그는 배를 만들어 탈출할 방법을 고안하여, 28년 만에 고국에 돌아가게 되었습니다.

로빈슨 크루소는 비록 작가의 상상을 통해서 탄생한 인물이지만, 사실적인 기술로 많은 이들에게 읽혀진 작품입니다. 만약 무인도에 홀로 떨어진 그가 그 상황을 원망과 불평의 세월로 보냈다면, 그는 무인도에서 생을 마감했을지 모릅니다. 그러나 그는 자신에게 갑작스레 닥친 상황에서도 감사하는 삶의 태도를 가지고 있었습니다.

본 회퍼 목사님은 이런 말을 남겼습니다.

"기독교인과 비기독교인을 구분하는 방법은 간단하다. 불평과 원망을 일삼는 사람은 기독교인이 아니다."

사실 우리의 환경을 바라본다면, 쉽게 불평이 나올 수 있습니다. 무인도의 로빈슨 크루소보다도 더 많은 불평을 쏟아낼지도 모릅니다. 그러나 예수 그리스도로 새롭게 변화 받은 사람에게는 불평이 변하여 감사가 되고, 슬픔이 변하여 기쁨이 되고, 한숨 짓고 낙심하던 것이 변하여 간절한 기도가 되어야 합니다.

만약 오늘 우리가 무인도에 떨어졌다면, 가장 먼저 할 수 있는 것은 무엇일까 한 번 생각해 보시기 바랍니다.

  무등산 수박이 맛있기로 유명합니다. 그런데 그 수박의 당도가 높아지려면 햇볕이 뜨거워야 합니다. 우리를 짜증나게 하는 무더운 날씨는 무등산에서 수박의 당도를 높이는 역할을 합니다. 그러니 우리가 짜증을 내는 무더위도 과일에게는 꼭 필요한 '축복'입니다. 이것이 바로 생각의 차이입니다.

  "메마른 땅과 뜨거운 햇볕은 여름 과일들의 고난이 아니다. 축복은 저 숨 막히는 무더위 속에 있었던 것임을 여름의 끝물에 한 입의 과일을 깨물면서 문득 알게 된다. 이 많은 과일들을 지상에 차려놓고, 힘센 여름은 이제 물러가고 있다."

  −김훈의 '자전거 여행'에서

길이 끝나는 곳에 길이 있습니다. 갈 데까지 가서 더 이상 갈 곳이 없다고 생각될 때, 길은 이미 새로운 길을 품고 있습니다.

지금 시작이라고 생각했던 것들이 바로 끝이 되고, 지금 끝이라고 생각했던 것들이 다시 시작이 됩니다.

길을 잃는다는 것은 곧 길을 찾게 된다는 것을 의미합니다.

이제 끝났다고 생각되는 순간에 다시 시작하는 첫걸음을 내디딜 수 있는 길이 놓여 있습니다.

나의 감사

"보라 내가 너를 연단하였으나 은처럼 하지 아니하고 너를 고난의 풀무 불에서 택하였노라" (이사야 48장 10절)

'결핍'을 채우고
나누는 법

학취개진(學就開進)
배움으로써 어려움을 이기고, 배움으로써 꿈을 찾고,
배움으로써 비전을 세우며, 배움으로써 삶을 나눈다

키 134cm라는 '결핍'을 감사와 꿈으로 채운 영적 거인 김해영 선교사님을 소개합니다.

그녀는 딸로 태어났다는 이유만으로 태어난 지 삼일 만에 아버지에게 내던져져 척추 손상을 입고 134cm 밖에 자라지 못했습니다.

5남매 중 맏딸로 태어나 남의 집 식모살이를 했습니다. 평생 식모살이로 살아갈 것이 두려워 직업 훈련 학원 문을 두드렸습니다. 그곳에서 편물과에 입학을 허락받고 하루 14시간씩 편물 기술을 야학으로 공부하였습니다.

1985년 콜롬비아에서 열린 세계장애인기능대회에서 기계 편물 부문 세계 1위를 차지한 그녀는 이후 일본의 편물회사 한국부에 취직해 능력과 성실로 순탄한 생활을 하였습니다. 그런데 어느 날 갑자기 이유도 없이 쓰러져 죽을 고비를 넘기고 있던 중 어떤 계기가 찾아왔습니다.

우연히 기독교 잡지를 읽다가, '자기가 하고 싶은 일과 자기를 필요로 하는 일을 결정해야 한다.'는 내용에서 큰 깨달음을 얻었습니다. 그리고 '자신을 필요로 하는' 곳에서 일하기로 결심하고 인생의 방향을 바꿨습니다. 하나님을 만남으로써 새로운 정체성을 찾게 된 그녀는 감사함으로 하나님께 나아가며, 비전을 가지고 살아야겠다고 다짐했습니다.

그녀는 곧 사회봉사에 눈을 돌렸고, 1990년 아프리카 보츠와나에 신설된 '굿 호프 직업학교' 편물 교사로 자원 봉사를 떠납니다. 그녀는 보츠와나 사람들과 협력하고 서로를 격려하며 폐교 위기에 놓였던 학교를 살려내기도 했습니다. 2010년 5월, 컬럼비아 대학교 국제사회복지대학원 석사 학위를 받았고, 배운 것을 다른 이들과 나누겠다는 마음으로 자신이 다른 사람들에게 '선물'이 되고자 국제 사회복지사로 활동하고 있습니다.

매순간 온 힘을 다해 최선을 다해 살아온 김해영 선교사는 자신의 삶을 학취개진(學就開進)의 삶이라고 말합니다.

배움으로써 어려움을 이기고,

배움으로써 꿈을 찾고,

배움으로써 비전을 세우며,

배움으로써 삶을 나눈다는 것입니다.

그녀의 배움은 자기 자신을 위한 것이 아니라 다른 이들과 나누기 위한 것이었습니다. 장애인이라고, 교육받지 못했다고 위축되지 않았고, 다른 사람을 돕는 일을 배워 나갔으며, 실제로 많은 사람에게 도움이 되었습니다. 불행한 환경을 탓하지 않고 변명하지 않고 감사하며 최선을 다해 살아낸 그녀의 삶은 우리에게 선물 그 자체입니다.

"살아오는 동안 사람들과 사건들 속에서 체험한 성취와 기쁨과 보람과 감동은 항상 고생, 고통, 고독이라고 하는 삼고(三苦)의 역경을 견디고 난 후에 하나님의 영광을 드러내며 찾아왔다" 이것이 김 선교사의 고백입니다. ✎

생각의
조각보

고난과 불행은 누구도 피해갈 수 없습니다. 인생의 어느 시기에든지 다가오기 마련입니다. 우리는 행복해질 수도 있고, 불행해질수도 있습니다. 나만은 다른 사람과 다르고 특별하다는 생각은 하지 말아야 합니다. 남에게 일어나는 불행이 나에게 일어나서는 안 된다고 생각할 때 더 큰 불행에 빠지게 됩니다.

'나에게도 불행한 일이 일어날 수 있다'고 생각할 수 있는 마음이 필요합니다. 고난을 오히려 기회로 생각하고 감사하는 마음을 갖는다면, 큰 축복이 될 수 있습니다. 그 마음 속에 평안이 찾아오기 때문입니다.

나의 감사

"만일 그리스도인으로 고난을 받으면 부끄러워하지 말고 도리어 그 이름으로 하나님께 영광을 돌리라" (베드로전서 4장 16절)

'참 괜찮은 사람'
되기

" '넌 할 수 없어. 그건 네게 불가능한 일이다'라고 세뇌시키는
세상의 편견을 향해 세상에 불가능은 없다. 멋지게 한 방 날려보자.
편견이란 깨지라고 존재하는 것이다. 내가 생각하는 장애란
스스로 심리적 한계를 긋고 자신과의 싸움을 쉽게 포기하는 행위다."

" **그** 사람 참 괜찮은 사람이야!" 최고의 찬사입니다.
이 말 한마디면 그 사람의 됨됨이, 성격, 능력,
일, 인간관계, 과거, 현재, 미래 등을 단번에 짐작할 수 있습니
다. 정유선 교수, 그녀가 바로 그런 '참 괜찮은 사람'입니다.

누구나 이런 사람이 될 수 있지만, 그녀가 괜찮은 사람이 되기
위해서는 상상도 못할 노력이 필요했기에 많은 이들이 힘주어
그녀에게 '참 괜찮은 사람'이라는 찬사를 보냅니다.

정유선 교수는 뇌성마비 장애를 가진 한국인 여성으로는 최초
로 해외에서 박사 학위를 받고, 미국 버지니아주 조지 메이슨대
학 교수가 됐으며, 학생들이 뽑는 '최고 교수'의 영예를 안았습
니다. 하나 하나 생각해 보면 정 교수의 이런 이력은 기적이 아

닐 수 없습니다.

초등학교 입학 첫날, 비틀거리며 교단 앞으로 나가 친구들의 비웃음 속에서도 끝까지 자기소개를 하고 들어왔던 그녀는 100미터 달리기부터 뜀틀, 매스 게임, 성탄절 연극 등 뭐든 열심히 시도하고 무수히 넘어졌습니다.

열심히 공부하고 불편한 신체 조건에도 체력장에서 기어이 만점을 받아냈지만 국내 대학 도전은 실패로 끝나게 됩니다. 그러나 그녀는 툴툴 털고 일어나 모국어 발음도 어려운 상황에서 유학길에 도전했습니다. 잠자고 씻고 먹는 시간까지 줄여가며 열심히 공부해서 조지 메이슨 대학과 코넬 대학원에서 컴퓨터 공학으로 각각 학사와 석사 학위를 받았습니다.

그리고 "당신이 할 수 없는 일은 내가 하면 된다"고 말하는 남편을 만나 현재 슬하에 두 자녀를 두고 있습니다. 그녀는 세상과 자신에 대한 긍정을 사랑으로 표현하고 싶어 장애인의 불편을 해소시키고 삶의 질을 높여 주는 방법을 연구하는 학문인 보조공학으로 전공을 바꾸고 박사 학위를 받았습니다.

스티븐 호킹 박사가 연설할 때 사용하는 목소리 보완 대체 의사소통기기Augmentative and Alternative Communication,와 같은 컴퓨터 음성 보조 기기의 도움을 받아 강의를 하는 그녀는 일주일 내내 강의 준비에 매달리고, 홀로 리허설을 합니다.

교수가 된 후에도 이 지루하고 반복적인 작업을 단 하루도 거르지 않은 결과, 2012년에는 탁월한 교수법을 인정받아 '조지 메이슨 대학 최고 교수상'을 수상했습니다.

장애를 가진 사람들에게 성취감을 주고, 보조 공학 연구와 보급을 통해 우리 사회에 존재하는 크고 작은 장애가 감소되어 함께 행복한 세상이 되길 바라는 정유선 박사는 현재 사회 복지법인 '따뜻한 동행'의 홍보 대사로도 활동 중입니다.

그녀가 긍정의 에너지를 다른 이들과 나누는 이유는 자신의 주변에 상처를 치유해주는 '마음의 반창고' 같은 사람들이 있었기 때문입니다.

"…'넌 할 수 없어. 그건 네게 불가능한 일이다'라고 세뇌시키는 세상의 편견을 향해 '세상에 불가능은 없다'고 멋지게 한 방 날려보자. 편견이란 깨지라고 존재하는 것이다. 내가 생각하는 장애란 스스로 심리적 한계를 긋고 자신과의 싸움을 쉽게 포기하는 행위다."

그녀는 조금만 힘들어도 포기하고 좌절하고 주위 여건을 핑계 삼는 사람들을 향해, "누군가를 위해 좋은 사람이 되자"고 말합니다. 📕

생각의
조각보

내가 가장 외로울 때는 마음 속에 사랑이 부족할 때이고, 감사가 부족할 때입니다. 내가 누군가를 진정 사랑할 때는, 그리고 감사할 때는 외롭지 않습니다. 외롭다는 것은 사랑하는 마음이, 감사하는 마음이 부족하다는 것을 나타내는 것입니다.

사랑이 있는 한, 감사가 있는 한, 외로움은 견뎌낼 수 있습니다. 내가 왜 외로울까 고민하기보다, 왜 사랑과 감사가 부족한가를 고민하는 것이 더 낫지 않을까요?

나의 감사

"이는 잠잠하지 아니하고 내 영광으로 주를 찬송하게 하심이니 야훼 나의 하나님이여 내가 주께 영원히 감사하리이다" (시편 30편 12절)

"병원 목사님
될래요"

"(9월 30일) 요즘은 무척 행복하다.
매일 학교에 가서 선생님들과 친구들을 만날 수 있으니 아침이 무척 기다려진다.
빨리 머리와 얼굴에 있는 기계를 떼어내고 맘껏 뛰어 놀고 싶다.
그리고 공부도 더 열심히 해서 목사님이 되고 싶다.
그래서 나처럼 병으로 힘들 사람들을 도와주고 위로해 주고 싶다."

17가지 중복 장애아인 김다니엘 이야기를 소개합니다.

다니엘. 이 이름은 중복 장애인 복지 시설인 '가브리엘의 집'에서 지어준 이름입니다. 그는 태어나자마자 병원신세를 져야했습니다. '크로즌씨 증후군'Crouzon's disease(두개골이 성장하지 않고 닫혀버린 질병), 조기유합증으로 안구돌출, 호흡장애, 뇌압 항진증 등 17가지의 희귀질환을 한 몸에 갖고 태어났기 때문입니다.

이 아이가 며칠을 살지, 과연 살아날 것인지 아무도 장담할 수 없었습니다. 또 살아난다고 해도 보지도, 듣지도, 걷지도 못한다는 게 의료진의 의학적 소견이었습니다. 그러나 지금 열네 살 된 다니엘은 보고 듣고 말할 뿐만 아니라, 걷고 뛰어놀고 다른 사람을 돌보기까지 합니다. 큰 뇌수술만 네 번(2005년, 2006년, 2010년, 2011년), 그와 관련한 여러 가지 수술을 다 합하면 20번이 넘습니다. 의사들은 다니엘이 지금까지 살아있다는 것, 이렇게 힘겨운 치료를 계속하고 있는 것 자체가 기적이라고 말합니다.

다니엘을 곁에서 보는 사람들은 과연 하나님께서 이 아이를 통해 하시고자 하는 일이 무엇일까를 생각하게 됩니다. 아니, 기대하며 바라보게 됩니다. 날 때부터 맹인된 사람을 두고 예수님께 "랍비여 이 사람이 맹인으로 난 것이 누구의 죄로 인함이니이까 그의 부모이니까"(요한복음 9장 2절)라고 묻던 제자들에게, "그에게서 하나님이 하시는 일을 나타내고자 하심이라"(요한복음 9장 3절)고 대답하신 성서이야기가 그대로 가슴에 전달되기 때문입니다.

14년 전, 이 아이를 낳은 젊은 부부는 모든 것을 쏟아 부었습니다. 그러나 아가의 병원 생활 1년 4개월 만에 가정은 깨어지고 말았습니다. 그리고 아가는 가브리엘의 집(김정희 원장)에 맡겨졌습니다. 다니엘이 태어난 지 1년4개월만이었습니다.

가브리엘의 집에 온 후, 다니엘은 매일 예배와 찬양, 그리고 말씀으로 양육되었습니다. 자연스레 다니엘은 "그리스도의 사랑이 아니면 존재할 수 없는 아이"가 되었습니다.

다니엘의 취미 활동은 특별합니다. 기독교 텔레비전에서 늘 설교 프로그램을 보고 들어서인지 '예배놀이'를 합니다. 성도들

(가브리엘의 집 아이들)을 앉혀놓고 강단을 만들고 주보까지 만들어 예배합니다. 물론 설교자는 '김다니엘 목사'입니다. 친구들은 '장로'이고 '전도사'입니다.

다니엘의 일기장을 훔쳐보았습니다. 이런 일기장은 다니엘이 '원장 엄마'의 귀에 대고 하는 말을 노트에 써주면, 다니엘이 그걸 여러 번 쓰기 연습을 해서 옮겨 놓은 것입니다.

"(9월30일) 요즘은 무척 행복하다. 매일 학교에 가서 선생님들과 친구들을 만날 수 있으니 아침이 무척 기다려진다. 빨리 머리와 얼굴에 있는 기계를 떼어내고 맘껏 뛰어 놀고 싶다. 그리고 공부도 더 열심히 해서 목사님이 되고 싶다. 그래서 나처럼 병으로 힘들어 하는 사람들을 도와주고 위로해 주고 싶다."

가브리엘의 집 김정희 원장은 어려운 일이 있을 때마다 다니엘에게 기도를 요청합니다. 다니엘의 영성과 순수한 믿음을 알기 때문입니다. 기도를 부탁 받은 다니엘은 골방에 들어가 한 손을 높이 들고 큰 소리로 기도하고 찬양합니다. 다른 사람이 범접하기 어려운 진정성입니다.

공부를 너무 열심히 해서 쉬는 날에도 계속 공부하고 성경읽고 설교하고 찬양합니다. 말을 걸기가 어려울 정도입니다. 부지런함, 사랑, 배려, 돌봄… 이런 단어가 떠오르는 다니엘. 그의 눈빛은 영롱하게 빛나고 있고, 손발은 언제나 쉼 없이 뭔가 하고 있습니다. 사람을 감동시키는 존재. 어쩌면 이럴 수 있을까요. '가브리엘의 집'의 구석구석을 정리하고 손가야 할 부분을 수습하는 아이입니다.

병원에 가면 의사와 간호사들에게 인기가 짱입니다. 의료진을 배려하고 힘들지 않게 하려는 다니엘의 마음이 그들에게 전달되어서일 것입니다. 병원에서 다니엘은 자기의 흉한 모습을 다른 사람들이나 아이들이 보고 놀랄까봐 책을 보러 가고 싶어도, 산책을 하고 싶어도 자제합니다. 눈알이 튀어나온 다니엘을 보고 '개구리 왕자'라고, '참존 박사님'이라고, 그 어떤 별명으로 불러도 아무 아픔이 없습니다. 그에게는 마음의 상처가 다 치유되었습니다.

뇌수두증이 있어서, 머리에서 물이 안으로 흐른다고 합니다. 흘러나오는 물을 빼내 소변으로 나오게 하는 150cm 정도의 관이 다니엘 속에 심겨져 있습니다. 여섯 살 때까지 호스를 통해 코로 음식을 섭취하고, 여덟 살 때 처음으로 걸었을때 가브리엘의 집은 감사와 축하의 파티를 열었습니다.

다니엘은 지금도 말 한마디를 하려면, 목에 심겨진 관 구멍을 손가락으로 막고서야 할 수 있습니다. 그래도 다니엘은 늘 행복하고 감사하다고 말합니다. 이 행복감, 이 감사, 이 사랑스런 눈빛은 어디서 오는 것일까요?

생각의
조각보

1930년대 초. 클레어린스 목사가 한 흑인 교회를 방문했습니다. 그 교회의 신자들은 대부분 극빈자로 60% 이상이 실직을 당한 상태였습니다. 그런데 교인들이 부르는 찬송은 힘과 희망이 넘쳤습니다.

클레어린스 목사는 교인들에게 물었습니다.

"지금은 대공황입니다. 도무지 희망이 없어 보입니다. 그런데 여러분은 무엇이 그리 즐겁습니까?"

그때 한 교인이 자리에서 벌떡 일어나 밝은 표정으로 대답했습니다.

"우리는 지금 예수 그리스도를 노래하고 있습니다. 주님이 우리의 곁에 계신다는 사실이 최고의 희망입니다."

나의 감사

"나의 조상들의 하나님이여 주께서 이제 내게 지혜와 능력을 주시고 우리가 주께 구한 것을 내게 알게 하셨사오니 내가 주께 감사하고 주를 찬양하나이다 곧 주께서 왕의 그 일을 내게 보이셨나이다 하니라" (다니엘 2장 23절)

'절망'은 '희망'의 다른 이름

"제가 고통의 상황에서도 웃을 수 있었던 것은 하나님의 축복이었습니다.
극심한 고통과 죽음의 공포에 시달리더라도 내 안에 계신 하나님을 떠올리면
나의 아픔은 더 이상 혼자만의 아픔이 아니라고 미소 짓습니다. 몸은 간인한 고통으로
뒤덮였지만 꿈꿀 수 있는 것만으로도 인생은 충분히 행복한 것입니다."

너무나 힘들고 괴로울 때, 그리고 한 없이 외로울 때, 불행요소가 자신에게 다가왔다고 생각이 들면 우리는 절망하게 됩니다. 그러나 "절망은 희망의 다른 이름이다"라고 외치는 한 인물이 있습니다. 그가 바로 박진식 시인입니다. 그의 외침이 우리에게 값진 선물이 되는 이유가 있습니다.

그는 다들 우량아라고 부러워할 만큼 건강한 유년 시절을 보냈습니다. 그러나 일곱 살 무렵 '부갑상선 기능 항진증에 의한 각피 석회화증'이라는 희귀병이 진행되면서 참담한 불행에 직면하게 됩니다. 이 병은 칼슘이 과다로 분비되어 몸 안에 쌓이면서 온몸이 석회처럼 굳어져 가는 것입니다. 이 병으로 인해 그는 여덟 살 무렵부터 다리를 절기 시작했고, 초등학교를 졸업한 후

에는 급기야 자리에서 일어날 수도 없는 지경에 이르렀습니다. 스물다섯 살 때에는 석회화 되는 것이 폐와 심장까지 계속 확대되어서 몸의 30%가 완전히 굳어서 꼼짝 못하게 되었습니다.

'기적처럼 나을 수도 있다'는 한 가닥 희미한 희망도 없이 '점점 죽어갈 수밖에 없다'는 확정된 절망 속에서 그가 할 수 있는 것은 아무것도 없었습니다. 차라리 하루라도 빨리 죽어서 부모님 걱정을 덜어드리는 것이 유일한 희망이었습니다.

그러나 그는 자신의 이런 기막힌 인생을 기록하여, 스스로 불행하다고 생각하는 이 세상 모든 사람들에게 한 줄기 희망의 빛이 되기로 결심하였습니다. 그래서 겨우 움직일 수 있는 양 손에 볼펜을 끼우고 컴퓨터 키보드를 한 자씩 두들기면서 감사의 고백을 시작했습니다.

24개월을 씨름하여 마침내 800여 매의 원고를 완성했습니다. 그렇게 완성된 원고가 "절망은 희망의 다른 이름이다"라는 책으로 출판되었습니다. 그는 고백합니다.

"절망은 희망의 가면입니다. 인생의 여정에는 즐거운 천연색 날실뿐만 아니라 고난의 검은색 씨실도 필요합니다. 검은색 실도 있어야 아름다운 비단이 만들어지는 것처럼 절망을 거부하며 삶을 긍정하면 승리의 길은 열립니다. 절망은 잃어버린 사랑을 회복하는 공간이고 '나' 자신을 찾는 시간입니다. 절망은 또 다른 희망의 의지를 불러줍니다. 제가 고통의 상황에서도 웃을 수

있었던 것은 하나님의 축복이
었습니다. 극심한 고통과
죽음의 공포에 시달리더
라도 내 안에 계신 하나님
을 떠올리면 나의 아픔은
더 이상 혼자만의 아픔이
아니라고 미소 짓습니다.

몸은 잔인한 고통으로 뒤덮였지만 꿈꿀 수 있는 것만으로도 인
생은 충분히 행복한 것입니다."

　그가 온 몸으로 부르는 희망의 노래를 읽어가면서 감명 깊게
읽은 구절이 있습니다.

　"내가 아픔으로 깨달은 건 감사였다. 밥을 삼키기 힘겨워졌을
때 단지 음식물을 삼킬 수 있음에 감사가 우러나오고, 숨쉬기
가 힘겨워졌을 때 단지 고른 숨을 쉴 수 있음에 감사가 우러나오
고, 중증 장애인이 되었을 때 단지 한 손가락이라도 움직일 수
있음에 감사가 우러나오고…"

　그는 세상의 모든 것, 심지어 잡초의 생명력이나 우연히 방에
들어온 귀뚜라미를 보며 감사할 줄 아는 사람입니다. 육신의 기
능을 모조리 차압당했지만 감사하는 삶을 살아가며, 마침내 절
망을 삼켜버린 희망의 노래 하나를, 세상의 모든 고단한 인생
앞에 값진 선물로 남기게 된 것입니다.

생각의
조각보

중국에서 오래 사역했던 헨리 프로스트 선교사가 있습니다.

그는 사역하면서 겪은 고통을 이렇게 고백했습니다.

"고향에서 슬픈 소식이 잇따라 날아왔습니다. 내 영혼에 검은 그림자가 드리워졌고, 아무리 기도해도 그 흑암의 그림자는 거두어지지 않았습니다."

어느 날 프로스트는 선교본부에 들렀다가 벽에 쓰여 있는 문구를 보았습니다.

"Try Thanksgiving"

나중에 그는 간증했습니다.

"그 시각부터 하나님께 감사의 기도를 드리기 시작했습니다. 그러자 흑암은 물러가고 내 영혼에 밝은 빛이 비추기 시작했습니다."

나의 감사

"그리스도를 위하여 너희에게 은혜를 주신 것은 다만 그를 믿을 뿐 아니라 또한 그를 위하여 고난도 받게 하려 하심이라" (빌립보서 1장 29절)

고통 속에서 부르는
아가(雅歌)

"광야 생활에도 즐거움은 있다. 느린 걸음이 주는 여유가 있다. 참 신기하다.
천천히 걸을수록 더 많은 것을 볼 수 있다. 더 많은 것을 느낄 수 있다.
빨리 달릴 때 불평이 더 많았고, 천천히 걸으니 오히려 감사할 것이 더 많이 보인다"

다드림교회 김병년 목사님의 '난 당신이 좋아— 고통
속에 부르는 아가(雅歌)'라는 책을 읽고 감동을 받
았습니다. 김 목사님은 이 책의 이야기를 잇는 '바람 불어도 좋
아'와 '아빠, 우린 왜 이렇게 행복하지?'를 잇달아 출간하기도 했
습니다.

김 목사님은 40대로 세 자녀와 사랑하는 아내를 두고 있습니
다. 마냥 행복하기만 할 것 같았던 결혼 생활이었는데, 갑자기
사모님이 세 번째 아이를 낳고 나서 쓰러지셨습니다. 그 이후로
지금까지도 계속 혼수상태입니다. 그렇게 건강하던 사모님이 식
물인간이 된 것입니다. 벌써 9년째입니다.

목사님은 아이 셋을 키우면서 사모님 병수발도 함께 하고 있습

니다. 그냥 누워있으니까, 대소변도 다 직접 처리해야 됩니다. 호스로 음식을 넣어줘야 합니다. 등에 욕창이 생기지 않도록 번갈아서 뒤집어 주어야 합니다. 동시에 교회를 섬겨야 됩니다. 아직 어린 세 아이들을 돌보는 것도 목사님의 일입니다. 인간적으로는 상상할 수 없는 고통입니다. 그런데 그 책을 보면. 하나님의 은혜에 대한 감사가 있습니다. 고난 중에서도 감사를 고백하며 참고 견디는 위대한 믿음을 간직한 것입니다. 그 감사의 내용은 다음과 같습니다.

"삶의 주도권을 완전히 상실하고, 주어지는 상황과 순서대로 살아도 하나님의 은혜는 흘러나온다. 광야 생활에도 즐거움은 있다. 느린 걸음이 주는 여유가 있다. 참 신기하다. 천천히 걸을수록 더 많은 것을 볼 수 있다. 더 많은 것을 느낄 수 있다. 빨리 달릴 때 불평이 더 많았고, 천천히 걸으니 오히려 감사할 것이 더 많이 보인다.

예상치 못한 상황 속에서, 살 수 없을 것 같은 두려움도 시간이 지나면서 평안으로 이끄시는 그분은 나의 구주, 우리 목자이시다. 그분이 낯선 길 험한 골짝도 울고 웃으며 지나게 하시니 감사할 뿐이다."

여러분, 지금 어려움에 처해 있습니까? 문제가 있습니까? 김병년 목사님의 삶을 생각해 보시기 바랍니다. 주님이 나와 함께하시면 모든 문제는 다 해결됩니다.

일생을 살아가는 동안, 고비가 있고 어려움이 있을 수 있습니다. 어쩌면 환란과 고난은 반드시 찾아옵니다. 그 때에 나의 힘을 의지하지 말고, 오직 주님만 바라보고 기도와 찬양으로 주님을 의지하시기 바랍니다. 주님이 함께 해 주실 것을 믿고 감사하기를 바랍니다. 고난의 때에 감사는 기적을 일으킵니다. 📖

라이너 마리아 릴케는 '젊은 시인에게 보내는 편지'에서 이렇게 말했습니다.

"문제들 그 자체를 사랑하려고 애써 보세요.

마치 그것들이 밀폐된 방이나 낯선 말로 쓰인 책인 것처럼,

지금 당장 해답을 찾으려고 하지 마세요.

당신은 그 문제들을 가지고 살아보지 않았기 때문에,

지금 그 해답을 얻을 수가 없어요.

그래서 모든 것을 살아보는 것이 중요해요.

이제 그 문제들을 가지고 살아보세요."

나의 감사

"그러나 내가 가는 길을 그가 아시나니 그가 나를 단련하신 후에는 내가 순금같이 되어 나오리라" (욥기 23장 10절)

순교자의 반열에
세워 주셔서
감사합니다

"하나님 아버지, 당신께서 오늘 이 시간 저로 하여금 순교자의 반열에
서게 해주시니 감사합니다. 그리고 그리스도의 잔치에 참여하게 하시어
내 몸과 영혼이 성령의 썩지 않는 축복 속에서 영생의 부활을
얻기에 합당하다고 여겨주시니 감사합니다."

서머나교회의 순교자 폴리캅Polycarp을 아십니까? 그
는 신약시대 이후 첫 순교자의 한 사람입니다. 사도
요한의 수제자로서 사도들과 교분이 있었으며, 교부 가운데 가
장 어른이 되는 분이었습니다. 2세기 전반 가장 뛰어난 초대 교
회 지도자로서 50여 년간 서머나교회의 감독으로 목회 사역을
감당했습니다.

로마 군인들이 86세의 고령인 폴리캅을 체포하기 위해 나타났
을 때, 그는 얼마든지 몸을 피할 수 있었습니다. 하지만 "주의
뜻대로 될지어다"라고 말하며 매우 평화스럽고 기쁨에 찬 모습
으로 그들을 향해 나아갔습니다.

폴리캅은 로마 황제를 주라 부르지 않고, 예수를 믿고 전하며

민심을 소란케 한다는 이유로 사형을 언도 받았습니다. 당시 서머나 총독이었던 스타티우스는 어려서부터 폴리캅과 친한 친구였습니다. 그 친구는 폴리캅을 살리기 위해 원형 경기장 안의 수많은 군중들 앞에서 그에게 물었습니다. "황제의 수호신인 튀게 여신에게 맹세하라. 예수를 저주하라. 예수를 한 번만 부인하라. 그러면 살려주겠다." 그 때 폴리캅이 이렇게 말합니다.

"나는 평생 동안 그분의 종이었고, 우리 주님은 한 번도 나를 모른다 하지 않으셨는데, 내가 어찌 나를 구원해주신 우리 주님을 모른다 할 수 있겠는가?"

성난 군중들이 폴리캅을 사자의 먹이로 주라고 외쳤습니다. 폴리캅의 친구 스타티우스는 어떻게서든 그의 죽음을 막아보려 했습니다. 그런데 성난 군중들이 그를 장작더미 위에라도 올리라고 아우성을 쳐서 결국 폴리캅은 화형을 당하게 되었습니다.

그때 폴리캅은 총독에게 "너는 지금 잠깐이면 타다가 꺼질 불로 나를 위협하지만, 죄인들을 위해 준비된 영원히 꺼지지 않는 불을 어찌 피하려 하는가?"라고 말하며 오히려 그 총독을 불쌍히 여겼습니다.

사람들이 그를 화형대에다 묶으려고 했습니다. 그때 폴리캅은 "난 괜찮다. 나를 이대로 두어라. 나에게 이 화형을 견딜힘을 주실 우리 주님께서는 너희들이 나를 묶지 않아도 이 장작더미에서 움직이지 않고 견딜 수 있는 능력을 주실 것이다." 라고 말하며 스스로 화형대 위로 걸어 갔습니다.

그리고 그는 기도를 드렸습니다.

"하나님 아버지, 당신께서 오늘 이 시간 저로 하여금 순교자의 반열에 서게 해주시니 감사합니다. 그리고 그리스도의 잔치에 참여하게 하시어 내 몸과 영혼이 성령의 썩지 않는 축복 속에서 영생의 부활을 얻기에 합당하다고 여겨주시니 감사합니다."

이렇게 기도하고는 자기를 처형하려고 서있는 자들을 재촉했습니다. "뭘 하고 있는가? 어서 속히 너의 할 일을 하라."

로마 군인들이 장작더미에 불을 붙였습니다. 그런데 화염이 폴리캅의 몸 주위를 동그랗게 보호막처럼 벽을 치는 것이 아닙니까? 총독은 그의 몸을 칼로 찌르도록 군인들에게 명하였습니다. 그러자 이번에는 그의 몸에서 흘러나오는 붉은 피가 불을 꺼지게 했습니다.

폴리캅의 순교로 로마인들은 기독교인들을 크게 두려워하게 되었습니다. 또한 그리스도에 대한 신앙을 공개적으로 고백하지 못하던 기독교인들에게 커다란 용기를 북돋아 주었습니다.

초기 기독교인들의 타협 없는 굳건한 신앙은 로마 시대의 불신 세계를 환하게 비춰 준 등불이었다고 할 수 있습니다. 당시 기독교인들의 죽음을 바라보던 많은 사람들이 다음과 같은 질문을 던졌다고 합니다.

"어떻게 기독교인들은 죽음을 눈앞에 두고서도 조금도 움츠러들지 않고 십자가에서 죽은 예수가 하나님이라고 주장할 수 있을까?"

"이러한 것들을 다 각본에 의한 연극이라고 일축해 버릴 수 있을까?"

"어떻게 예수 때문에 죽는데도 오히려 감사하다고 할까?" 🪶

생각의
조각보

장례식을 '천국환송예배'라고 이름하는 경우도 많습니다. 천국 가셨으니까, 감사하는 환송예배를 드리는 것입니다. 그리스도인은 죽음 앞에 절망하거나 통곡하지 않습니다. 오히려 눈물도 없고 근심도 없고 걱정도 없고 괴로움도 없고 슬픔도 없는, 영원한 기쁨만 있는 천국에 가게 된 것을 감사합니다.

이 세상에 올 때는 순서가 있었지만, 천국 갈 때에는 순서가 없습니다. 주님께서 부르시면 가는 것입니다. 그래서 오늘이 나의 마지막 날이라 생각하고, 주님 보시기에 가장 아름다운 모습으로 살아가는 우리가 되어야 합니다.

나의 감사

"그러나 의를 위하여 고난을 받으면 복 있는 자니 그들이 두려워하는 것을 두려워하지 말며 근심하지 말고" (베드로전서 3장 14절)

"삶은 부메랑과도 같습니다.
우리의 생각, 말, 행동은 언제가 될지는 모르지만
틀림없이 되돌아 옵니다.
불평의 말이든 감사의 말이든
언젠가는 메아리가 되어
나를 향해 돌아옵니다.
그리고 그것들은 신기하게도 나 자신을 명중시킵니다."
- 플로랑스 스코벨 쉰

4부

믿음의
열매

나의 믿음은
오직 감사

"이제 와보니 예수님을 믿는다는 것이 얼마나 큰 축복인지, 감사의 힘이 얼마나 위대한 것인지 더욱 깊이 깨닫게 됩니다. 저는 이한이 없는 감사함으로 여생을 하나님께만 헌신하고자 합니다. 지금의 제 삶도, 이후의 제 삶도 늘 하나님께 감사할 뿐입니다."

기독교 문화 사역의 선두 주자 중의 한 분인 진흥문화주식회사 회장 박경진 장로님의 감사생활을 소개하고자 합니다. 장로님이 태어날 때 장로님의 어머니가 혼자서 탯줄을 끊고, 미역국 한 그릇도 제대로 못 먹을 정도로 아주 가난했습니다.

엄마가 아이를 낳고 보니 아이의 한 쪽 눈이 감겨져 있었습니다. 소위 말하는 애꾸눈이었던 것입니다. 아이는 열등의식과 소외감을 갖고 자랐습니다. '반쪽짜리 인생, 50% 인생, 애꾸눈 인생'이란 생각에 절망했습니다. 수치심 때문에 학교 가야 할 나이를 3년이나 넘겼고, 초등학교 졸업 때 호적등본이 필요해서 면사무소에 갔더니 그때까지 아예 호적이 되어 있지도 않았습니다. 열여섯 살까지 존재가 없었던 사람이었던 것입니다.

10남매 중 아홉 번째 아들로 태어났는데, 얼마나 가난하고 어려웠던지 형제 중 넷이 일찍 죽었습니다. 이 모든 상황을 보면, 그가 어떤 형편에서 태어나 성장했는지를 가늠할 수 있습니다.

그 동네에는 1·4 후퇴 때 북한에서 내려온 사람들이 모여서 예배를 드리는 장소가 있었는데, 누군가 어린 경진을 인도하여 예수를 믿게 되었습니다.

어느 날 목사님이 요한복음 9장을 설교했습니다.

예수님께서 길을 가실 때, 날 때부터 맹인 된 사람을 보셨는데, 제자들이 물었습니다. "이 사람이 맹인으로 난 것이 누구의 죄로 인함이니이까 자기니이까 그의 부모니이까"(요한복음 9장 2절) 예수님께서는 "이 사람이나 그 부모의 죄로 인한 것이 아니라 그에게서 하나님이 하시는 일을 나타내고자 하심이라"(요한복음 9장 3절)고 말씀하셨습니다.

그는 이 말씀에 큰 위로를 받았습니다. '내가 비록 한 쪽 눈이 없지만 내가 예수님을 믿었으니, 하나님께서 나를 통해서 무슨 일을 하실 모양이다. 그리고 나를 통해 하나님께서 영광을 받으실 것이다. 무언가 좋은 일이 일어나게 될 것이다'라고 생각하며 역경을 감사하게 되었습니다.

믿음은 우리의 삶에 거룩한 꿈을 가져다줍니다. 우리를 긍정적으로 변화시키는 것입니다. 그때부터 매일 새벽 기도를 드리고, 일주일에 두 번씩 금식했습니다. 그리고 40년 동안 한 주도 빠짐없이 매주 감사 헌금을 했습니다. 서울에 올라와서도 굶는 날이 많고 힘들었지만 "할 수 있거든이 무슨 말이냐 믿는 자에게는 능히 하지 못할 일이 없느니라"(마가복음 9장 23절)는 약속의 말씀을 붙잡고 '절대 감사'의 삶을 살았습니다.

박 장로님은 이렇게 고백합니다.

"이제 와보니 예수님을 믿는다는 것이 얼마나 큰 축복인지, 감사의 힘이 얼마나 위대한 것인지 더욱 깊이 깨닫게 됩니다. 저는 여한이 없는 감사함으로 여생을 하나님께만 헌신하고자 합니다. 지금의 제 삶도, 이후의 제 삶도 늘 하나님께 감사할 뿐입니다."

우리의 감사 이유가 무엇입니까? 예수 그리스도를 통해 구원받은 것이 가장 기초적이고 가장 큰 감사의 조건입니다. 예수님의 보혈의 능력이 우리의 삶을 바꾸고 영원한 생명을 주셨으니 이보다 더 큰 감사가 어디 있겠습니까!

또한 구원받은 우리에게 약속의 말씀, 축복의 말씀을 주셨으니 더욱 감사할 뿐입니다. 영적인 삶이나 육신의 삶이 모두 예수 그리스도와 함께, 그리고 말씀과 함께 살아가면 하나님 안에서 승리의 삶을 살게 됩니다. 은혜와 기쁨과 감사가 늘 충만하게 됩니다.

지금 우리가 의지하고 신뢰하는 것이 무엇입니까?

직장인가요? 친구인가요? 전문적인 지식과 기술인가요? 아니면 예금 계좌입니까? 어쩌면 우리는 우리 자신을, 눈에 보이는 인생의 성공을, 학벌을, 재능을 또는 재산을 신뢰하고 있을지도 모릅니다.

하지만 이 모든 것들은 아침 안개와 같이 사라질 수 있는 것들입니다.

오직 하나님 한 분만이 영원하시고 변치 않는 신뢰의 대상이십니다. 나를 누가 구원했는지, 누가 나를 구원할 자인지 알아야 합니다. 우리의 믿음의 대상은 오직 하나님 한 분밖에 없음을 깨닫는 것이 가장 큰 재산입니다.

그것을 깨닫고 나면 하나님 안에서 진정한 자유와 기쁨을 얻게 됩니다.

나의 감사

"그러므로 모든 육체는 풀과 같고 그 모든 영광은 풀의 꽃과 같으니 풀은 마르고 꽃은 떨어지되 오직 주의 말씀은 세세토록 있도다 하였으니 너희에게 전한 복음이 곧 이 말씀이니라" (베드로전서 1장 24
~25절)

손양원 목사의
감사기도

"나 같은 죄인의 혈통에서 순교의 자식을 나오게 하셨으니 감사합니다.
허다한 많은 성도들 중에 이런 보배들을 주께서 하필 내게 맡겨 주셨으니 감사합니다.
3남 3녀 중에서도 가장 아름다운 두 아들을 바치게 된 축복을 감사합니다.
한 아들의 순교도 귀하다 하거늘 하물며 두 아들이 순교하게 됨을 감사합니다."

'**사**'랑의 원자탄'의 실제 주인공인 손양원 목사님은 두 아들을 잃었는데, 자식들을 총으로 쏘아 죽인 청년을 아들로 삼았던 분입니다. 원수를 회개시켜 아들로 삼는 것이 어떻게 가능할 수 있는지, 아무리 그리스도의 사랑 덕분이라 해도, 보통 사람은 아닙니다.

손 목사님은 나병 환자를 비롯한 가난한 시골 성도 1,000여 명을 목숨 걸고 섬기던 목회자입니다. 그분은 나병 환자들의 환부를 입으로 빨아서 치료를 해 주던 사랑의 화신이었습니다. 게다가 신사참배를 거부한다는 이유로 1940년 9월 25일부터 1945년 8월 17일까지 5년 동안 감옥에 갇혀 지내면서도 변절하지 않은 놀라운 믿음의 지도자였습니다.

일본의 패망으로 해방과 함께 출옥한 지 3년여가 지날 즈음에 타지에서 부흥회를 인도하고 계시던 손양원 목사님에게 청천벽력 같은 소식이 들려 왔습니다. 1948년 여순반란사건 때 빨치산에게 첫째 아들과 둘째 아들이 살해당했다는 소식이었습니다.

빨치산들이 예수님을 부인하고 성경을 밟고 지나가면 살려 주겠다고 했음에도 두 사람은 끝까지 복음을 전하다가 살해를 당했던 것입니다. 그때 큰 아들은 순천 사범학교에 다니고 있었고, 둘째 아들은 중학생이었습니다. 큰 형이 잡혀가자 둘째가 달려가, 형님은 우리 집 맏아들이니 자기를 대신 죽이라고 애걸하다가 함께 변을 당한 것입니다.

목사님은 그 소식을 들으시고도 충격과 슬픔에 빠져있지 않고, 성도들을 위해 침착하게 부흥 사경회를 다 마치셨습니다. 그리고 돌아와서 1948년 10월 27일 아침 여수에 있는 애양원 교회에서 두 아들의 장례 예배를 드렸습니다.

이 예배에서 목사님은 '9가지 감사 기도'를 드렸습니다.

첫째, 나 같은 죄인의 혈통에서 순교의 자식을 나오게 하셨으니
감사합니다.
둘째, 허다한 많은 성도들 중에 이런 보배들을 주께서 하필 내게
맡겨 주셨는지 감사합니다.
셋째, 3남 3녀 중에서도 가장 아름다운 두 아들 장자와 차자를

바치게 된 축복을 감사합니다.

넷째, 한 아들의 순교도 귀하다 하거늘 하물며 두 아들이 순교하
게 됨을 하나님께 감사합니다.

다섯째, 예수 믿다가 누워 죽는 것도 큰 복이거늘 전도하다 총살
순교 당함에 감사합니다.

여섯째, 미국 유학 가려고 준비하던 내 아들, 미국보다 더 좋은
천국에 갔으니 안심되어 감사합니다.

일곱째, 나의 사랑하는 두 아들을 총살한 원수를 회개시켜 내
아들로 삼고자 하는 사랑의 마음을 주신 하나님께 감사
합니다.

여덟째, 두 아들의 순교로 말미암아 무수한 천국의 아들들이 생
길 것이 믿어지니 감사합니다.

아홉째, 이 같은 역경 중에 이상 8가지 진리와 하나님의 사랑을
찾은 기쁜 마음과 여유 있는 믿음을 주신 우리 주님께 감
사합니다.

이렇듯 분수에 넘치는 과분한 복을 주신 하나님께 모든 영광을
돌립니다.

사랑하는 두 아들을 떠나보내는 장례식장은, 손 목사님의 이
답사로 인해 눈물바다를 이루었다고 합니다.

그리고 2년 후인 1950년 9월, 복음을 전하시다가 공산당에게

총살을 당하셨습니다.

그토록 험한 고난을 당하면서도 목사님은 항상 감사했습니다.

한국 교회사에 아름답게 기록되어있는 손양원 목사님의 신화 같은 이 실화들은 세계 기독교사에서도 전무후무한 이야기로 찬란하게 빛나고 있습니다.

'감사할 수 없는 상황이란 없다.'는 것을 여기서도 배웁니다. 아무리 슬프고 힘든 때라도, 감사할 수 있는 부분이 반드시 있습니다. 구원받아 그리스도의 자녀된 우리는 감사의 씨앗을 심고 가꾸어야 합니다. 그리고 풍성한 감사의 열매를 맺는 것이 우리의 본분이며 그것을 통해 우리는 더욱 행복을 맛보게 됩니다.

생각의
조각보

앨런 가디너 선교사는 남아메리카 남단의 픽톤 섬에서 사역하다가 질병과 굶주림으로 57세의 나이에 죽었습니다. 가디너 선교사의 시신이 발견되었을 때, 그 옆에는 선교 일지가 놓여있었습니다. 그가 경험한 배고픔과 목마름과 상처와 외로움이 기록되어 있었습니다. 그리고 마지막으로 쓴 한 줄의 글씨는 기운 떨어지는 손이지만 똑똑히 쓰려고 애쓴 흔적이 역력했습니다. "나는 우리 하나님이 어찌나 좋으신 분인지 감격하고 있습니다."

나의 감사

"내가 그리스도와 함께 십자가에 못 박혔나니 그런즉 이제는 내가 사는 것이 아니요 오직 내 안에 그리스도께서 사시는 것이라 이제 내가 육체 가운데 사는 것은 나를 사랑하사 나를 위하여 자기 자신을 버리신 하나님의 아들을 믿는 믿음 안에서 사는 것이라" (갈라디아서 2장 20절)

바하의
S. D. G.

"아무 것도 보이지 않는구나! 모든 것이 주님 뜻대로 되었다."

근대 음악의 아버지로 불리우는 요한 세바스찬 바하는 인류 역사상 가장 아름다운 음악을 작곡한 사람으로 평가받는 위대한 작곡가입니다. 하나님을 경배하는 깊은 찬양과 천둥과 같은 열정의 음악, 풍요롭고 감동적인 음악을 내놓았습니다.

하지만 불행하게도 그의 생애는 그의 작품처럼 아름답지 못했습니다. 오히려 말할 수 없는 비극의 연속이었다고 해야 할 것입니다. 열 살도 되기 전에 부모님을 모두 잃었습니다. 그래서 형의 손에 자랐는데, 형은 자기가 먹여 살려야만 하는 동생을 몹시 미워했습니다.

어른이 되어서도 그의 삶은 고통스러웠습니다. 결혼한 지 13년

되던 해에 아내와 사별했습니다. 또다시 결혼하게 된 그는 스무 명의 자녀를 갖게 되었는데, 그 중 열 명은 어려서 죽었고, 한 명은 스무 살 즈음 죽었고, 또 다른 한 명은 지적장애아였습니다.

그의 작곡은 이런 상황 속에서 나온 작품들입니다. 수많은 사람의 영혼을 사로잡을 만큼 장엄한 찬양과 경배와 감사의 곡들……, 그야말로 불후의 명작들입니다. 이 감사의 노래들은 바로 그의 기도였습니다.

아마 인생의 아픔을 누구보다도 더 깊이 체험했기에, 숭고한 신앙의 음악을 탄생시킬 수 있었는지도 모릅니다. 그의 고난이 그토록 깊었기에, 드높으신 하나님에 대한 믿음과 감사를 누구보다도 잘 표현할 수 있었을 수 있었습니다.

바하는 자신이 작곡한 칸타타나 오라토리오의 마지막 부분에 항상 'S. D. G.'라는 글자를 적어 놓았습니다. 이것은 '오직 하나님의 영광만을 위하여!'Soli Deo Gloria!라는 뜻을 지닌 라틴어의 첫 번째 글자들입니다. 오르간을 위한 합창 전주곡들은 '지극히 존귀하신 하나님께!'The most high God!바치는 곡이라고 적혀 있었습니다. 그리고 올갠 연주만을 위한 작품들의 첫 부분에는 'I. N. J.' 즉 '예수 이름으로'In Normine Jesus: In the name of Jesus라고 적어 놓았습니다.

그는 노년에 뇌일혈 발작과 함께 시력이 급속히 감퇴되는 아픔을 겪었습니다. 직접 곡을 쓰는 것이 어렵게 되자, 유명한 안과 의사에게 두 차례나 눈 수술을 받았습니다.

시력 회복을 위한 오랜 시간이 흐른 뒤 마침내 의사가 바하의 눈에서 붕대를 풀었습니다. 침대 주변에 둘러서 있던 자녀들이 조심스럽게 물었습니다.

"아버지, 뭔가 보이세요?"

한참이나 주위를 둘러보던 바하가 숨 막히는 정적을 깨고 입을 열었습니다.

"모든 것이 주님 뜻대로 되었다. 아무것도 보이지 않는구나!"

실낱처럼 남아 있던 희망이 완전히 사라지는 순간이었습니다. 앞으로 영원히 볼 수 없다는 사실에 그의 가족은 큰 슬픔에 잠겼습니다.

그러나 바하는 오히려 자녀들을 위로하며 함께 기도했습니다. 하나님의 뜻이 이루어지기를 기도했고 하나님께 감사의 찬송을 불렀습니다. 그때 불렀던 찬송이 바하가 작곡한 찬송가였습니다.

"나 무슨 말로 주께 다 감사드리랴
끝없는 주의 사랑 한없이 고마워
보잘 것 없는 나를 주의 것 삼으사
주님만 사랑하며 나 살게 하소서"

이것이 바로 바하의 삶의 목적이었던 것입니다.

'The longest day'를 저술한 코넬리어스가 죽기 전 5년 동안 암과 싸우면서, 매일 아침 일어나자마자 제일 먼저 하는 말이 있었습니다.

"하나님, 오늘도 좋은 날 주심을 감사합니다."

그는 입을 열기만 하면 감사했습니다.

나중에 그의 아내가 남편이 새날을 맞아 감사하는 다섯 가지 이유에 대해 이렇게 말했습니다.

"첫째, 사랑하는 당신을 다시 볼 수 있기 때문입니다.

둘째, 가족들을 다시 보고 그들의 목소리를 들을 수 있기 때문이지요.

셋째, 'The longest day' 작품을 탈고한 것입니다.

넷째, 병마와 싸울 힘을 주신 하나님께 감사드립니다.

그리고 무엇보다 감사한 것은 주님은 언제나 나와 함께 계신다는 사실입니다."

나의 감사

"내가 노래로 하나님의 이름을 찬송하며 감사함으로 하나님을 위대하시다 하리니" (시편 69편 30절)

넬슨 만델라의
'희망'

"나는 감옥에서 하나님께 늘 감사드렸습니다. 하늘을 보고 감사하고
땅을 보고 감사하고 물을 마시면서도 감사하고, 음식을 먹을 때도 감사하고
강제 노동을 할 때도 감사하고, 늘 감사했기 때문에 건강을 지킬 수가 있었습니다.
생활은 자주가 아니라 발전을 위한 귀중한 시간이었습니다."

세 계인의 존경을 받고 있는 넬슨 만델라 전 남아프리
카공화국 대통령은 세계 정상 중에서 가장 오래 감
옥 생활을 한 사람입니다. 46세 때부터 무려 27년 동안을 감방
에서 보내야 했습니다.

만델라는 정치범으로 독방에 갇힌 지 4년 째 되던 해에 어머니
를 잃었습니다. 그 다음 해에는 큰아들을 자동차 사고로 잃었습
니다. 아내와 딸은 강제로 흑인 거주 지역으로 끌려갔고, 둘째
딸은 심한 우울증에 시달렸습니다. 그러나 그는 가족을 위해 할
수 있는 일이 아무것도 없었습니다.

감옥에 있은 지 14년째 되던 해에 맏딸이 그를 찾아왔습니다.
손녀의 이름을 지어달라고 감옥으로 편지를 보냈던 맏딸은 이름

을 지었느냐고 만델라에게 물었습니다. 만델라는 작은 쪽지 한 장을 내밀었습니다. 딸은 그 쪽지를 조심스럽게 펼쳐 보다가 그만 눈물을 흘리고 말았습니다.

쪽지에 적힌 손녀의 이름은 바로 '희망' 이었습니다.

만델라가 너무나 오랜 세월을 감옥에서 보냈기에, 대다수 사람들은 그가 분노와 좌절 속에서 건강이 극도로 악화되거나 극단적으로는 생명을 포기할지도 모른다고 염려했습니다.

하지만 출옥하던 날, 만델라는 70세가 넘었음에도 불구하고 너무나 씩씩하고 건강한 모습으로 걸어 나왔습니다.

깜짝 놀란 기자가 다가가서 물었습니다.

"다른 사람들은 5년만 감옥살이를 해도 건강을 잃어서 나오는데, 어떻게 27년 동안 감방에서 지내고도 이렇게 건강할 수 있습니까?"

그러자 만델라는 우렁찬 목소리로 이렇게 대답했습니다.

"나는 감옥에서 하나님께 늘 감사드렸습니다. 하늘을 보고 감사하고, 땅을 보고 감사하고, 물을 마시면서도 감사하고, 음식을 먹을 때도 감사하고, 강제노동을 할 때도 감사하고, 늘 감사했기 때문에 건강을 지킬 수가 있었습니다. 저에게 감옥 생활은 저주가 아니라 발전을 위한 귀중한 시간이었습니다."

예수 그리스도를 믿음으로 마음이 천국이 됩니다. 천국이 임하면 기쁨이 충만하고, 천국이 임하면 감사가 충만합니다.

구할 것을 감사함으로 하나님께 아뢰십시오. 그러면 하나님께서 희망과 기쁨과 평안과 놀라운 은혜, 놀라운 축복을 더해 주십니다.

'너무나 힘들고 어렵습니다. 살아갈 수가 없어요. 차라리 죽었으면 좋겠어요.'하는 그 자리에서 감사를 드리시기 바랍니다.

절망의 자리가 희망의 자리로 바뀔 것입니다.

텍사스 주지사 네프가 교도소를 시찰하면서 죄수 20명과 개인 면담을 가졌습니다. 그 중 19명의 말은 거의 같았습니다. 수감 생활의 불편을 호소하고, 형기를 감축해 달라는 부탁들이었습니다. 그러나 한 죄수만은 달랐습니다. 그 죄수는 이렇게 말했습니다.

"이번 기회에 나를 깊이 돌아볼 수 있었습니다. 내가 거듭날 수 있도록 하나님께서 주신 은혜의 기회입니다. 주어진 형기를 감사하면서 잘 지낼 것입니다."

감동받은 네프 지사는 변호사에게 그 죄수의 가석방 문제를 연구해 달라고 직접 비용을 지불하며 의뢰하였습니다.

나의 감사

"자녀이면 또한 상속자 곧 하나님의 상속자요 그리스도와 함께 한 상속자니 우리가 그와 함께 영광을 받기 위하여 고난도 함께 받아야 할 것이니라" (로마서 8장 17절)

링컨의
인생여정

"내가 잠자리에 들 때나 잠자리에서 일어날 때 언제나 어머니의 손이 얹혀 있었습니다.
내가 살던 오두막에는 아들을 축복하시던 어머니의 기도 소리가 가득했습니다.
선거에서 수없이 낙선할 때 나를 위로하고 다시 일어서게 한 힘 또한 아들을 위한 어머니의 축복
기도였습니다. 그 기도가 대통령으로 직무를 하는 이 순간에도 제 귓가를 떠나지 않습니다."

다음 같이 파란만장한 이력을 가진 사람은 과연 누구
일까요? 아무도 상상할 수 없는 인생 여정입니다.

1809년 (0세) 켄터키 주에서 농민의 아들로 출생

1816년 (7세) 파산으로 온가족이 집에서 쫓겨나, 소년 가장이 됨

1818년 (9세) 어머니 사망

1826년 (17세) 오하이오 주에서 나룻배 사공이 됨

1828년 (19세) 누나 사망

1831년 (22세) 일하던 가게에서 해고

1832년 (23세) 빚을 얻어 친구와 동업으로 작은 소매점 개업

1833년 (24세) 주 의회 선거에 출마 낙선

1834년 (25세) 약혼녀 사망

1835년 (26세) 동업자가 돌연 사망해 큰 빚을 혼자 짊어짐

1836년 (27세) 신경쇠약으로 정신병원 입원

1837년 (28세) 3년 동안이나 쫓아다닌 여인에게 구혼하였으나 거절당함

1838년 (29세) 주의회 대변인 선거 출마 낙선

1843년 (34세) 하원 의원 첫 출마 낙선

1847년 (38세) 하원 의원 두 번째 출마 또 낙선

1850년 (41세) 네 살 난 아들 사망

1854년 (45세) 상원 의원 출마 낙선

1856년 (47세) 부통령 지명 선거 낙선

1859년 (49세) 상원 의원에 재출마 또 낙선

1860년 (50세) 미합중국 16대 대통령 당선

1863년 (53세) 역사적인 노예해방 선언

1867년 (57세) 흉탄에 맞아 사망

바로 미국의 제16대 대통령 에이브라함 링컨입니다. 그는 노예해방을 선언하고, 민주주의의 이상을 제시했던 게티스버그 연설 등 매우 훌륭한 업적을 남겼습니다. 미국의 역대 대통령에 관한 설문 조사에서 거의 매번 1위를 차지할 정도로 영원한 명성과 자취를 남긴 인물입니다.

링컨만큼 고생한 사람도 드물 것입니다. 통나무집에서 자라나 스무 살이 되기까지 손에서 도끼 자루를 놓아 보지 못했습니다. 직업만 하더라도 뱃사공, 농부, 노동자, 장사꾼, 품팔이, 군인, 우체국 직원, 측량사, 변호사, 주의원, 상원의원, 대통령까지, 안 해 본 것이 없고 인생 노정의 구석구석을 두루 헤매었습니다. 학교를 다녀본 것은 모두 합쳐야 채 1년도 되지 않습니다. 독학으로 변호사가 되었고 또한 유명해졌습니다.

그의 생애는 한마디로 땀과 노력의 삶이었습니다.

링컨 대통령이 노예해방을 선언했을 때, 가필드라는 한 국회의원은 이런 말을 했습니다.

"일리노이의 이류 변호사가 미래의 모든 세대가 기억할 만한 말을 하는 신의 도구로 쓰이다니, 이는 세계 역사상 가장 뜻밖의 사건이다."

지방에서 하찮은 사건만 맡으며 수임료 수입도 변변치 않았던 별 볼일 없는 변호사가 미국의 대통령 중에서도 가장 크게 기억되는 인물이 된 것은 정말 뜻밖의 사건이기 때문입니다.

링컨은 자신을 가리켜 '언제나 감사하고 배우려는 마음'을 가진 사람이라고 하였습니다. 날마다 성경을 묵상하고 기도했습니다. 그래서 성경 연구가 괄목할만한 경지에 들어가 있었다고 합니다. 문학적 수준에 있어서도 셰익스피어 전문 연구자로 알려졌습니다. 그는 열심히 배우고 부지런히 일하고 정직하게 살고 사랑을 나누어 주는 삶을 산 사람이었습니다."

어느 기자가 링컨에게 "당신을 오늘의 링컨으로 만든 힘이 무엇입니까?"라고 질문했습니다. 링컨은 이렇게 대답했습니다.

"내가 잠자리에 들 때나 잠자리에서 일어날 때는 언제나 어머니의 손이 얹혀 있었습니다. 내가 살던 오두막에는 아들을 축복하시던 어머니의 기도 소리가 가득했습니다. 내가 선거에서 수 없이 낙선할 때 나를 위로하고 다시 일어서게 한 힘 또한 아들을 위한 어머니의 축복 기도였습니다. 그 기도가 지금 대통령으로 직무를 하는 이 순간에도 제 귓가를 떠나지 않습니다."

나의 감사

"기도를 계속하고 기도에 감사함으로 깨어 있으라" (골로새서 4장 2절)

최고의 유산

"감사란 참 아이러니한 것이다. 정말 감사해야 될 것 같은 사람들은 감사할 줄 모르고,
거의 아무것도 없는 사람들은 많은 경우에 감사하며 산다."

'최고의 유산 상속받기'라는 책이 있습니다. 저자 짐 스토벌Jim Stovall은 시각장애인이면서도 올림픽 국가 대표 역도 선수로, 투자 전문가와 기업가로 성공한 인물입니다. '10인의 뛰어난 젊은 미국인'에 뽑히기도 했고, '올해의 기업가', '국제 인도주의상'을 수상하기도 한 인물입니다. 미국의 시각장애인들과 그 가족을 대상으로 NTNNarrative Television Network이라는 회사를 설립, 운영하고 있기도 합니다.

짐 스토벌이 이 책에서 말하는 최고의 유산은 무엇일까요?

세계적인 석유 회사와 큰 목장을 소유하고 있는 대부호 하워드 레드 스티븐스가 그의 사후에 손자에게 일생일대의 프로젝트 '최고의 유산 상속'을 시작합니다. 매달 1개씩의 비디오를 통해

서 일년동안 12개의 과제를 내주는 것입니다.

할아버지는 자기 자신밖에 모르고 살아온 24살의 손자에게 소중한 삶의 가치를 일깨워 주려고 합니다. 돈만 쓰고 다니며, 부족함 따위는 전혀 모르고, 게다가 감사라는 것을 전혀 생각하지도 않고 살아온 손자 제이슨은 할아버지가 남긴 비디오 유언이 몹시 불만이지만, 막대한 유산을 받기 위한 조건으로 할아버지가 남겨 놓은 '비디오에 제시된 과제'를 수행합니다. 이것이 그의 손자 제이슨의 인생을 완전히 바꿔 놓습니다.

제이슨은 할아버지가 주신 과제를 풀어가면서 보통 사람들이라면 자연스럽게 겪어보았을 다양한 상황과 여러 사람들을 만나게 됩니다. 그러면서 경험하게 되는 작지만 소중한 경험들을 통해 삶의 12가지 지혜를 깨닫게 됩니다. 그 유산 중에서 '감사'에 관한 글귀가 눈에 띕니다.

"감사란 참 아이러니한 것이다. 정말 감사해야 될 것 같은 사람들은 감사할 줄 모르고, 거의 아무것도 없는 사람들은 많은 경우에 감사하며 산다."

뭔가 더 갖고 싶을 때는 이미 자신이 갖고 있는 것에 대해 생각해 봐야 합니다. 그렇게 하면 자신이 얼마나 많은 것을 갖고 있는지 느끼게 되기 때문입니다.

유대인들은 자녀들을 양육할 때 아이들에게 세 가지를 가르칩니다.

첫째, 큰일이든 작은 일이든 무조건 감사하라.

둘째, 원망하는 사람과 교제하지 말아라.

셋째, 감사하는 사람과 친하게 지내라.

자녀들에게 무엇보다 강조해서 가르쳐야 할 것은 바로 감사하는 삶입니다. 힘써 언제나 감사하는 법을 가르쳐야 합니다. 많이 받고도 감사를 모르는 사람보다 적게 받고도 감사를 아는 사람이 더 복된 존재입니다. 복된 사람은 '많이 가진 사람'보다 '많이 감사하는 사람'입니다.

원망과 불평이 전염성이 있듯이 감사도 전염성이 강합니다. 큰일이든지 작은 일이든지 무조건 감사하다 보면, 삶 가운데 기적이 넘쳐나게 됩니다. 그 감사의 기적이 주변 사람들에게도 선한 파장을 일으켜 또 다른 기적을 만들어 냅니다.

생각의
조각보

마귀는 어떤 사람을 가장 무서워할까요?

시험만 보면 1등을 하는 사람입니까? 출세한 사람인가요, 아니면 학문을 한 사람인가요?

아닙니다. 마귀는 온갖 낙심과 시험의 상황 속에서도 '기뻐하며 감사하는 자'를 가장 무서워합니다. 예수 이름으로 능욕을 받으면서도 기뻐하고 감사할 때, 마귀는 가장 참혹하게 산산조각이 나는 것입니다.

나의 감사

"감사함으로 그의 문에 들어가며 찬송함으로 그의 궁정에 들어가서 그에게 감사하며 그의 이름을 송축할지어다" (시편 100편 4절)

가장 아름다운 이름
'가정'

"하나님, 감사합니다. 아버지를 무사히 돌아오게 해 주셔서 감사합니다.
우리의 가정이 하나님 앞에서 아름답게 하소서. 우리의 가족이
기쁨으로 기도할 수 있게 해 주셔서 감사합니다."

세상에서 제일 아름다운 것을 찾아내려고 한 화가의
전설이 있습니다. 그는 아름다운 것을 찾으려고 아
침에 일찍이 집을 떠났습니다.

맨 처음 그는 훌륭한 집 문 앞에 서있는 신혼부부를 보았습니
다.

"세상에서 제일 아름다운 것이 무엇입니까?"

화가의 물음에, 신부는 얼굴을 붉혔습니다.

"그거야 사랑이 제일 아름다운 것이지요."

화가는 즉시 캔버스를 내려놓고 그녀의 아름다운 얼굴과 그 얼
굴에 빛나는 사랑을 그렸습니다. 그러나 만족하지 못했습니다.

다음으로 만난 이는 목사였습니다.

"세상에서 제일 아름다운 것이 무엇입니까?"

그 목사는 서슴없이 말했습니다.

"믿음이 제일 아름답습니다. 하나님을 예배하고 있는 예배당으로 가십시오. 믿음을 통해 용서함과 희망을 발견한 그들의 얼굴을 보십시오. 세상에서 제일 아름다운 것이 신앙인 것을 발견할 것이요."

그 화가는 당장 몇몇 교회를 찾아다니며, 그들의 얼굴에서 신실함과 신앙의 아름다움을 찾아보았습니다. 하지만 만족할 수 없었습니다.

하루는 전쟁에서 돌아오는 피곤한 군인을 길에서 만났습니다. 그 군인은 화가의 물음에 지체하지 않고 대답합니다.

"평화가 세상에서 제일 아름다운 것입니다. 전쟁은 고약한 것입니다."

그 화가는 일찍이 맹렬한 싸움이 있었던 전쟁터의 모습을 황금 물결을 이룬 곡식을 추수하는 농부들의 모습으로 바꾸어 그렸습니다. 분명히 아름다운 작품이었습니다. 그러나 아직 최고의 아름다움이라고 만족하기에는 부족했습니다.

어느 순간 화가는 '사랑'과 '믿음'과 '평화'를 한데 모으면 멋진 작품이 될 것 같은 생각이 들었습니다. 그로부터 사랑과 믿음과 평화가 함께 있는 그림을 그리려고 헤맸습니다. 좀처럼 그 대상을 찾을 수가 없었습니다.

가장 아름다운 것을 찾아 나선 그는 그림 한 장 그리지 못하고 몸도 마음도 지쳤습니다. 주머니가 비어 먹을 것도 쉴 곳도 아무것도 얻기 어려울 만큼 가난해졌습니다.

지치고 실망한 화가는 집으로 돌아왔습니다. 그런데 그의 어린 자식들은 그를 보고 달려와 두 팔로 그의 목을 끌어안고, 돌아온 아버지를 반겨 주었습니다. 그가 문을 열고 방에 들어설 때, 그의 아내는 따뜻한 웃음으로 그를 맞이해 주었습니다. 잠시 후에 그들은 식탁을 가운데 두고 둘러앉아 밖에서 무사히 돌아온 아버지를 위하여 하나님께 감사의 기도를 올렸습니다.

"하나님, 감사합니다. 아버지를 무사히 돌아오게 해 주셔서 감사합니다. 우리의 가정이 하나님 앞에서 아름답게 하소서. 우리의 가족이 기쁨으로 기도할 수 있게 해 주셔서 감사합니다."

그는 아내와 자녀들의 얼굴에서 빛나는 사랑과 믿음과 평화를 보았습니다. 그가 그토록 찾아 헤맸던 바로 그 가장 아름다운 것의 실체였습니다.

드디어 그는 이 세상에서 가장 아름다운 그림을 그렸습니다. 그 작품 이름을 '가정'이라 붙였습니다.

생각의 조각보

직장을 잃어 가난해진 아버지가 성탄절 즈음에 한 가지 제안을 했습니다.

"지금 우리 형편이 진짜 선물을 줄 수 없는 형편이니, 서로에게 주고 싶은 선물을 그림으로 그려 주는 것은 어떨까?"

크리스마스 이브에 온 가족은 서로에게 선물을 나누었습니다.

엄마는 아빠에게 멋진 자동차 그림을, 아빠는 엄마에게 근사한 목걸이 그림을 선물하였습니다. 딸 슬기는 자전거와 장난감이 그려진 그림을 선물로 받았습니다.

슬기가 받은 그림은 이렇습니다.

환하게 웃고 있는 남자와 그 남자의 손을 꼭 붙잡고 있는 여자, 그들 사이에 안겨 웃고 있는 꼬마 아이, 그리고 그 밑에는 '우리'라는 그림의 제목이 적혀 있었습니다.

나의 감사

"거기 곧 너희의 하나님 야훼 앞에서 먹고 너희의 하나님 야훼께서 너희의 손으로 수고한 일에 복 주심으로 말미암아 너희와 너희의 가족이 즐거워할지니라" (신명기 12장 7절)

좋은 교회의
인상

"그 교회에 다니는 교인들의 표정이 가장 밝아 보였습니다.
그리고 교통 정리하는 저에게 'Thanks!'라는 말 한마디를 잊지 않고 합니다.
그 교회가 분명 좋은 교회라는 확신이 있어서, 자신 있게 소개할 수 있었던 겁니다."

미국의 한 변호사가 세인트루이스를 여행하던 중, 주
일을 맞아 예배를 드리기 위해 교회를 찾고 있었습
니다. 그러다가 길거리에서 교통경찰을 만났습니다.

"수고하십니다. 다름이 아니라 이 근처에 위치한 좋은 교회를
찾고 있는데, 좀 가르쳐 주시겠습니까?"

교통경찰은 친절하게 한 교회를 소개해 주었습니다. 변호사는
그가 알려준 교회를 찾아갔습니다. 그런데 그 교회로 가는 길에
몇 개의 교회가 더 있다는 사실을 알게 되었습니다. 변호사는
속으로 의아하게 여겼습니다.

'거리상으로 더 가까운 교회가 있었는데 왜 이렇게 먼 교회를
소개해 주었을까?'

예배를 마치고 돌아가던 변호사는 그 교통순경을 다시 만났고, 궁금해서 물었습니다.

"가르쳐 주신 교회로 가는 길에도 다른 교회들이 몇 있더군요. 굳이 멀리 있는 그 교회를 소개한 특별한 이유라도 있습니까?"

그 교통경찰이 대답했습니다.

"이 지역에서 어느 교회가 좋은 교회인지 제가 직접 가보지 않아서 잘 알지는 못합니다. 하지만 교통정리를 하면서 보니 그 교회에 다니는 사람들의 표정이 가장 밝아 보였습니다. 그리고 교통정리하는 저에게 그들은 차창 밖으로 꼭 한 마디씩 하며 지나가곤 했습니다."

"한 마디라고요? 그들이 뭐라고 했습니까?"

"그들은 늘 'Thanks!'라고 합니다."

그래서 저는 그 교회가 분명 좋은 교회라고 확신하고 자신 있게 소개할 수 있었던 겁니다."

우리는 하나님의 은혜를 항상 기억하며 감사하는 삶을 살고 있는지 돌아보면 좋겠습니다. 수많은 감사의 조건들은 제쳐 놓고, 아주 사소한 것들에 원망과 불평을 터뜨리고 있지나 않은지 말입니다. 하나님의 은혜를 기억하고 감사하는 생활이야말로 하나님의 자녀가 된 우리의 본분입니다.

우리의 변화된 아름다운 삶의 향기가 이웃에게 전달되어, 그들이 그리스도인들의 아름다운 향기에 취할 수 있을 때, 하나님의 영광을 이야기할 수 있을 것입니다. 복음의 생명력이 우리 삶에 변화를 가져오지 않는다면, 우리의 믿음은 진실하다고 할 수 없습니다. 분명히 거듭난 사람들의 삶의 향기는 다릅니다.

달라야 합니다. ◢

어느 예배당 건축 현장에서 세 사람의 벽돌공이 땀을 뻘뻘 흘리며 벽돌을 쌓고 있었습니다. 지나던 행인이 묻습니다.

"지금 무엇을 하고 있습니까?"

한 사람이 대답합니다.

"보시다시피 벽돌을 쌓고 있지요."

두 번째 사람의 대답은 이렇습니다.

"하루치 돈벌이를 하고 있답니다."

세 번째 사람은 이렇게 말했습니다.

"저는 지금 대성전을 짓고 있습니다. 이 성전을 통해 많은 사람이 희망과 용기를 얻고 하나님을 찬양하겠지요. 길이길이 정신적, 영적 영향을 미칠 위대한 전당이 될 것입니다."

나의 감사

"이르시되 내가 주의 이름을 내 형제들에게 선포하고 내가 주를 교회 중에서 찬송하리라 하셨으며"
(히브리서 2장 12절)

'티보잉'
(Tebowing)

"당신이 사랑하는 아내에게 단 한 번이 아니라, 기회가 주어질 때마다 '사랑합니다' 라고
말하는 것처럼, 저도 기회가 있을 때마다 주님께 사랑을 고백하며 그 분을 자랑할 것입니다.
축구를 잘 하려는 목적은 더 많은 사람들에게 하나님을 증거하고 또 감사하기 위함입니다."

'**요**한복음 3장 16절의 기적', 팀 티보우Tim Tebow를 아
십니까?

미식축구 선수로 역전승의 귀재인 팀 티보우와 '왕 앞에 무릎
꿇은 듯한 자세'의 티보우 식 기도를 뜻하는 '티보잉'(Tebowing)
의 열풍이 일고 있습니다.

티보우는 대학 시절 '스포츠 선교사'란 별명을 얻었습니다. 그
가 경기에 임할 때마다 'John 3:16'이라 기록한 아이패치를 눈 밑
에 붙이고 있었기 때문입니다. 티보우는 NFL 덴버 브롱코스 입
단 후 규정에 따라 아이패치가 금지되자, 경기 시작 전과 중간
에 한쪽 무릎을 꿇고 기도하는 모습으로 하나님을 알리기 시작
했습니다. 그 기도 동작을 언론은 '티보잉'으로 불렀으며, 티보

우의 트레이드 마크가 됐습니다. '티보잉'은 '팀 티보우 식의 기도'라는 뜻으로 영어사전에도 등재될 예정이라고 합니다.

갓윌 기획이 만든 '티보잉 열풍, 하나님을 자랑하라 - 팀 티보우Tim Tebow'란 제목의 영상은 이렇게 전하고 있습니다.

"2008년, 플로리다 대학 미식축구팀을 우승으로 이끈 쿼터백 팀 티보우, 언론과 팬들이 그를 주목하는 이유는 역전승의 귀재이기 때문만은 아니다. 알 수 없는 글자가 쓰인 아이패치를 붙이고 매 경기에 출전하는 티보우. 알 수 없는 글자는 다름 아닌 성경 말씀이었다.

필리핀 선교사 부부의 아들로 태어나 홈스쿨링으로 고등학교까지 마친 티보우. 동네 미식축구에서 두각을 나타내어 플로리다 대학팀으로 오게 된 그는, '티보 미라클'보다 '스포츠 선교사'라는 말을 더 좋아할 정도로 예수님을 자랑하는 사람이다.

그는 이렇게 말한다.

"당신이 사랑하는 아내에게 단 한 번이 아니라, 기회가 주어질 때마다 '사랑합니다.'라고 말하는 것처럼, 저도 기회가 있을 때마다 주님께 사랑을 고백하며 그 분을 자랑할 것입니다."

그의 신앙과 역전승에 대해 사람들이 호기심을 가지기 시작한 그때, 2010년 티보우는 프로팀인 덴버 브롱코스에 입단한다. '러싱'은 뛰어나지만 '패싱'이 약한 그를 '공 들고 뛰기만 하는 쿼터백'이라며 언론은 연신 비아냥거렸다. 게다가 문구 삽입을 금지하고 있는 프로에서 그의 아이패치를 볼 수 없게 되자 승리는 '우연'이었을 뿐, 그의 쇼는 끝났다는 보도가 잇따랐다.

기대와 비아냥 속에서 시즌을 맞이한 팀 티보우, 언론의 예상과 달리 '티보 미라클'은 프로 리그에서도 계속됐다. 금지된 아이패치 대신, 무릎을 꿇고 예수님께 기도를 드리는 티보우, 그의 역전승이 계속되면서 팀은 2011년 플레이오프에 진출하게 된다.

그에 대한 사람들의 호기심은 점점 열풍으로 바뀌어 기도하는 그의 모습을 따라하는 '티보잉'이라는 신조어를 탄생시킨다.

2012년 1월 8일 결승전으로 가는 관문에서 만난 강팀 '피츠버그 스틸러스, 3쿼터, '23대23' 동점인 상황에서 연장전이 치러졌다. 대학 리그 때부터 아이패치 '요한복음 3장 16절'을 알렸던 티보우는 전문가들이 약하다고 지적한 '패싱'으로 터치다운을 성공해 4쿼터 역전승을 다시 이룬다.

그가 이날 기록한 10개 패스 총 길이는 316야드, 패스 한 개에 31.6야드를 기록, 리서치 조사 결과 이날의 경기 시청률은 31.6%.

요한복음 3장 16절 '하나님이 세상을 이처럼 사랑하사 독생자를 주셨으니 이는 그를 믿는 자마다 멸망하지 않고 영생을 얻게 하려 하심이라'

덴버팀이 승리한 후, '요한복음 3장 16절'은 구글 사이트에서 무려 1억 2천 번이나 검색되었고 그의 행보에 반신반의했던 많은 사람이 이 경기를 본 후, 살아계신 하나님을 확신하였다."

티보우는 기자와의 인터뷰에서 분명하게 말했습니다.

"축구를 잘하려는 목적은 더 많은 사람들에게 하나님을 증거하고 또 감사하기 위함입니다."

티보우는 실력을 인정받았기 때문에 프로 선수가 되어 많은 돈을 벌 수 있었습니다. 하지만 그의 삶의 목적은 부와 명예가 아니었습니다. 대학 3학년 때, 어느 기자가 '프로로 갈 것이냐, 어떤 계획이 있느냐'고 물었습니다. 그는 "주님과 의논해 봐야지요. 그분이 하라는 대로 할 겁니다."라고 대답했습니다.

주님의 큰 사랑을 자랑하지 않을 수 없는 팀 티보우를 세상은 비웃었습니다. 그러나 결국 예수님의 증거를 가진 그가 세상에 거룩한 새 바람을 일으키고 있습니다.

성서는 우리에게 항상 기뻐하고 쉬지 말고 기도하고 범사에 감사하라고 말씀합니다. 풍성한 은혜와 사랑의 복음을 알게 된 후, 우리는 엄청난 선물을 받은 것이 기뻐서 싱글벙글할 수밖에 없는 것입니다. 그리고 그 하나님의 풍성함을 알아갈수록 우리의 감사와 기쁨은 더욱 더 커지게 됩니다.

어떻게 예수 그리스도를 세상에 자랑하지 않을 수 있겠습니까?

생각의
조각보

하나님께서 인간을 만드실 때, 태양빛을 받아 보름달처럼 빛날 수 있는 아름다움을 하나씩 다 선물했습니다. 그런데 우리는 그 선물을 어디에 두었는지 잘 모릅니다. 하나님께서 선물한 나의 아름다움이 어디 있는지, 그것이 무엇인지 발견하고 감사할 줄 알아야 할 것입니다.

나의 감사

"너희는 야훼께 감사하며 그의 이름을 불러 아뢰며 그가 행하신 일을 만민 중에 알릴지어다 그에게 노래하며 그를 찬양하고 그의 모든 기사를 전할지어다 그의 성호를 자랑하라 야훼를 구하는 자마다 마음이 즐거울지로다" (역대상 16장 8~10절)

'딕과 릭' 父子 이야기

"아버지는 나의 꿈을 실현시켜 주셨습니다.
아버지는 내 날개 아래를 받쳐 주는 바람입니다."

미국 전역을 감동의 도가니로 몰아넣었던 65세의 아버지 딕Dick과 39세의 아들 릭Rick 부자 이야기입니다.

아들 릭은 태어나면서 목에 탯줄을 감고 나와 뇌에 산소 공급이 중단되었습니다. 뇌성마비와 경련성 전신마비로 혼자 움직일 수도, 말할 수도 없었습니다. 태어난 지 8개월 후 의사는 '식물인간이 될 것'이라고 말하면서, 부모에게 아이를 포기하라고 했습니다. 하지만 그들은 아들을 포기할 수 없었습니다.

시간이 흘렀고 우여곡절 끝에 그 아들은 컴퓨터를 사용하여 글을 쓸 수 있게까지 되었습니다. 그 때 릭이 처음으로 쓴 글이 "Run, I want to run"(나는 달리고 싶어요) 입니다.

그의 아버지는 다니던 직장을 그만두고 그와 달리기 시작했습니다. 열다섯 살 되던 해에 아버지와 함께 8km 자선 달리기 대회에 나갔습니다. 그들은 완주했고 끝에서 두 번째로 골인 하였습니다. 아들은 경기 후에 아버지에게 말했습니다.

"아버지, 오늘 난생 처음 제 몸의 장애가 사라진 것 같아요."

1981년 보스턴 마라톤 대회 첫 출전에서는 코스 4분의 1 지점에서 포기하고 말았습니다. 하지만 이듬해인 1982년 보스턴 마라톤 대회에서는 완주에 성공했습니다. 이들의 최고 기록은 2시간 40분 47초입니다.

마라톤을 시작한지 4년 뒤 아들은 더 큰 꿈을 가지게 됩니다. 아들의 소원은 철인 3종 경기에 나가는 것이었습니다. 아버지는 수영을 할 줄 몰랐고 6살 이후엔 자전거를 타 본 적도 없었습니다. 사람들은 '그런 일은 절대 불가능 합니다. 그것은 미친 짓입니다. 아이를 더 힘들게 하지 마세요'고 말했습니다.

하지만 아버지는 아들을 위해 자신의 모든 것을 버리고 철인3종 경기에 참가했습니다.

세계 최강의 철인들 틈에서 아버지는 허리에 고무배를 묶고 3.9km 바다를 수영하고, 아들을 태운 자전거로 180.2km 용암지대를 달리고, 아들이 탄 휠체어를 밀며 42.195km의 마라톤을 완주하였습니다.

아들이 할 수 있는 것이라곤 아버지가 끌어 주는 보트나 자전거에 누워 있는 것뿐이었습니다. 선수 모두가 골인하고 한참이

지난 후에야 아버지와 아들은 결승점에 도착했습니다. 사람들은 그 부자를 위해 끝까지 남아 그들을 기립 박수로 맞아 주었습니다. 누가 봐도 그것은 그 아버지의 공로였습니다. 그러나 그 경기의 승자는 아들이었습니다.

아들이 말했습니다.

"내 아버지가 없었다면 난 절대 이 일을 생각조차 할 수 없었을 것입니다. 진정으로 감사드립니다."

아버지는 말했습니다.

"내 아들이 없었다면 난 절대로 하지 않았을 것입니다."

철인 3종 경기는 아침 7시에 출발하여 밤 12시까지 17시간 안에 들어와야 합니다. 아버지와 아들의 기록은 16시간 40분이었습니다. 그 후에도 이들은 철인 3종 경기를 6회나 완주하였고 최고 기록은 13시간 43분 37초입니다.

아들과 아버지의 도전은 계속되어 마라톤 완주 64차례, 단축 3종 경기 완주 206차례, 1982년부터 2005년까지 보스턴 마라톤 대회 24년 연속 완주, 그리고 마침내 달리기와 자전거로 6000km의 미국 대륙을 횡단하였습니다.

아들은 컴퓨터로 수상 소감을 이렇게 썼습니다.

"내게 능력 주시는 자 안에서 내가 모든 것을 할 수 있느니라"

I can do everything through him who gives me strength.(빌립보서 4장13절)

아들 릭은 1993년 보스턴 대학에서 특수 교육분야 컴퓨터 전공으로 학위를 받았습니다. 릭은 컴퓨터를 통해서 말합니다.

"아버지는 나의 꿈을 실현시켜 주셨습니다. 아버지는 내 날개 아래를 받쳐 주는 바람입니다."

하나님 아버지는 독생자 예수 그리스도를 우리를 위하여 이 땅으로 내어 주셨습니다. 그리고 지금도 우리를 위해 함께 달리고 계십니다.

생각의
조각보

아이들이 감사하는 모습은 부모를 흥분시킵니다. 마찬가지로 우리가 감사할 때, 하나님 아버지께서는 전율하십니다.

부모가 원망하고 불평하면 자녀들도 원망하고 불평합니다. 긍정적인 자녀가 되기를 바라십니까? 먼저 감사하는 부모가 되십시오.

나의 감사

"또 아비들아 너희 자녀를 노엽게 하지 말고 오직 주의 교훈과 훈계로 양육하라" (에베소서 6장 4절)

국무장관의
적극적인 전도

신실한 그리스도인의 삶 자체가 바로 전도입니다.
감사와 기쁨에 충만한 삶은 그 자체로 전도입니다.

윌리엄 제닝스 브라이언은 아름다운 사랑을 실천한 크리스천이었습니다. 그는 미국 역사에 남는 유명한 정치가요, 언론인이요, 연설가였습니다. 윌슨 대통령 당시에는 국무장관을 지냈습니다.

그에게 이런 일화가 있습니다.

한 젊은 세일즈맨이 처음 가 보는 도시에 밤늦게 도착하였습니다. 호텔에 갔으나 빈방이 없다는 말에 실망한 얼굴로 돌아서려는데, 옆에 서있던 한 점잖은 신사가 말을 건넸습니다.

침대 둘이 있는 방을 혼자 쓰고 있으니 원한다면 하룻밤을 함께 지낼 수 있다는 친절한 호의였습니다. 세일즈맨은 그 신사의 호의를 고맙게 받아들여 함께 그의 방으로 갔습니다.

잠자리에 들 시간이 되었을 때, 그 신사는 자기 침대 앞에서 무릎을 꿇고 조그만 소리로 기도를 하였습니다. 그 기도 중에 자기와 한 밤을 같이 지내게 된 그 젊은 사람을 축복해 주시라는 기도도 하였습니다.

이튿날 아침, 그 신사는 젊은 세일즈맨에게 자기는 매일 아침 잠시 경건의 시간을 갖는데, 오늘 함께 참여해주지 않겠느냐고 물었습니다. 곤란한 때에 따뜻한 친절을 베풀어 주었고 또 자기를 위하여 기도까지 해 준 분이기 때문에 청년은 기쁘게 참여하겠다고 말했습니다.

그 신사는 경건의 시간을 통하여 한 영혼을 그리스도 앞으로 지혜롭게 인도하였습니다. 그 자리에서 청년은 예수 그리스도를 영접하는 놀라운 은혜를 입게 되었습니다.

새로운 감격으로 호텔방을 떠나 헤어지게 된 세일즈맨은 서로 명함이라도 교환하자고 제안해서 그 신사의 명함도 받았습니다. 놀랍게도 거기에는 이렇게 적혀 있었습니다.

'미국 국무장관, 윌리엄 제닝스 브라이언'

곤란한 일을 당한 사람을 보고 그냥 지나치는 것은 보통 있는 일입니다. 그러나 브라이언처럼 언제나 진정성을 가지고 사람을 대하면 이런 횡재도 하게 됩니다.

신실한 그리스도인의 삶 자체가 바로 전도입니다. 감사와 기쁨에 충만한 삶은 그 자체로 전도입니다.

이웃 사랑이 무엇입니까? 어려운 이웃을 향한 사랑의 실천입니다. 입으로만 사랑한다고 말하고 행동이 동반되지 않으면 그건 참사랑이 아닙니다. 무엇인가 많이 가진 사람일수록 나누어 주지 않는 경향이 있습니다. 많이 가진 사람일수록, 겸손하기보다 오히려 교만한 경향이 있습니다. 주신 분의 뜻과 거리가 멉니다.

생각의
조각보

누구의 인생이든 쉽고 행복하기만 한 인생은 없습니다. 그럴 때 우리는 누군가의 따뜻한 손길이 필요합니다.

한마디 말이 인생을 바꾸어 줄 수 있습니다.

한마디 말이 절망에 빠진 나를 구원해 줄 수 있습니다.

한마디 말로 지옥과 천국을 경험할 수 있고, 절망과 희망 사이를 오갈 수도 있습니다.

한마디 말이 비수가 되어 내 가슴을 찌를 수 있고,

한마디 말이 따뜻한 쌀밥 한 그릇이 되어 감사의 눈물을 쏟게 할 수가 있습니다.

나의 감사

"야훼 우리 하나님이여 우리를 구원하사 여러 나라로부터 모으시고 우리가 주의 거룩하신 이름을 감사하며 주의 영예를 찬양하게 하소서" (시편 106편 47절)

15 년 동안의
감사 노트

사람이 얼마나 행복한지 알려면 그가 얼마나 감사하며 사는지를 보면 알 수 있습니다. 행복은 감사의 깊이에 비례하기 때문입니다.

15년 동안 한결같이 감사일기를 쓰며 기도하는 의사, 감사 생활을 통해 아픈 환자들과 이웃에게 행복 바이러스를 전하며 사는 강북삼성병원 신장내과 김향 교수님의 감사 생활을 소개합니다.

'천사표 의사'로 불리우는 김향 교수님은 강북삼성병원 'Best CS man상'과 'Best Dr.상'을 받기도 했습니다.

물론 환자들에게도 인기가 많습니다.

김 교수님이 환자들에게 친절할 수 있는 이유는 늘 감사하는 마음을 잃지 않기 때문입니다. 환자를 위해 매일 새벽 제단을 쌓으며 하루를 감사로 시작해서 감사로 끝내는 삶을 살고 있습니다. 남다른 기억력을 통해 환자들의 이름과 상황을 익혀서 방문하는 환자들을 기억하고 기도해 주며 환자들의 지친 마음까지도 보살핍니다.

28년 전 레지던트 때, 종아리 화상으로 피부이식을 받게 되면서 하나님을 만나는 뜨거운 신앙 체험을 하였고, 1년 동안의 미국 연수를 통해 하나님을 더 깊이 만났습니다. IMF로 치솟은 환율 때문에 유학생활이 녹록치 않았지만, 그녀는 새벽 예배로 하루를 시작하며 기쁨과 감사의 시간을 보낼 수 있었다고 고백합니다.

그렇게 새벽 예배를 드리며 많은 은혜를 체험한 그녀는 응답받은 기도를 적는 감사 노트를 기록하기 시작했습니다. 1999년부터 15년간 적어온 감사 노트에는 해마다 살아계신 하나님의 은혜에 감사하는 일기들로 빼곡히 차 있습니다. 그녀는 그렇게 감사 일기를 쓰다 보니, 범사에 감사하게 되더라고 말합니다.

"설레는 마음으로 새벽 예배를 준비할 때가 가장 행복합니다. 15년 동안 감사 노트를 쓰면서 받은 복을 세어보았더니 3만 7천 개가 넘었습니다. 좋은 것은 좋아서 감사하고 좋지 않은 것도 합력해서 선을 이루어 주시니 더 큰 은혜였습니다. 사소한 것부터 감사하는 것이 '감사의 시작'입니다. 한 걸음 한 걸음, 한 호흡 한 호흡이 모두 감사입니다. 나의 힘이 아니라 성령을 힘입어 사람들의 영혼에 평안을 주는 복음의 증인 된 의사가 되고 싶습니다."

매일 매일 감사 노트를 작성해 가며, 자신의 행복 지수를 높이고, 환자들에게도 행복 바이러스를 선사한 것입니다. 그녀의 환자들을 향한 사랑과 진실한 마음이 전달되어 그녀로 인해 환자들은 몸과 마음의 상처를 회복합니다.

'감사'의 반대말은 '불평'이 아니라 '당연함'이라고 합니다. 우리 주변에는 우리가 별다른 노력 없이도 얻을 수 있는 것들이 많이 있는데, 이것들에 대해 감사함을 느끼는 경우는 별로 없고 당연함으로 받아들일 때가 많이 있습니다. 감사를 당연함으로 받아들이고 사는 사람과, 당연한 것으로 보이는 것을 감사로 받는 사람 사이의 행복 지수 차이는 엄청납니다.

'당연함'이 아닌 '감사'로 하루를 시작하며, 감사의 깊이에 비례하는 행복 지수를 높여보는 것은 어떨까요. 감사의 시작으로 우리는 서로에게 '행복 에너지'가 되어 줄 것입니다. 🛦

30여 년을 한결같은 자세로 성실하게 환자들을 돌보고 소외된 이웃을 위해 봉사하는 정신과 의사가 계십니다.

몇 년 전, 보령의료봉사상 수상자로 결정 됐는데, 시상식에 나타나질 않았습니다. 궁금해서 그가 봉사하고 있는 곳으로 찾아간 기자들에게 그 의사가 들려준 대답은 이렇습니다.

"제가 수상자가 된 것은 여기서 진료봉사를 꾸준히 하기 때문입니다. 그런데 시상식에 참석하려고 정한 시간 정한 장소에서 해오던 이 의료봉사를 멈출 수는 없지 않습니까!"

우리는 과연 어떤 자세로 주어진 역할을 감당하고 있을까요?

나의 감사

"그러므로 내일 일을 위하여 염려하지 말라 내일 일은 내일이 염려할 것이요 한 날의 괴로움은 그 날로 족하니라" (마태복음 6장34절)

아내에게 준
감사장

"…당신은 가난한 선비 가문 7남매의 맏며느리로 들어와 50년간 고생 참 많이 했소. 집안의 모든 대소사 도맡아 현명하게 처리했고, 부모님을 지극히 봉양하여 효부상도 받았소. 나의 병구완을 헌신적으로 하여 살려낸 내 생명의 은인이고, 4남매 바르게 길러낸 장한 어머니이기도 하오. 그 노고와 감사함을 여기에 담아 약간의 위로금과 함께 주니…"

언젠가 조선일보에 실린 '50년 함께 한 아내에게 준 감사장'이란 글에 감동을 받았습니다. 그 글을 쓴 분이 너무나 멋진 남편의 모습 같아서 그 에세이를 소개합니다.

"어김없이 결혼 50주년이 다가오자, 이런저런 생각에 마음이 착잡했다. 자식들이 성의껏 자리를 마련할텐데, 대접이나 받고 일어선다는 것은 아쉽고 무의미할 것 같았다. 이런저런 궁리 끝에 기상천외한(?) 아이디어 한 가지를 생각해냈다. 평생 혹사당한 아내에게 내 진심이 담긴 글을 내 손으로 짓고, 그것을 백지 상장에 정성껏 옮겨 적고 거기에 약간의 위로금을 얹어 주자는 생각이었다.

당일, 풍광 좋은 교외의 어떤 식당으로 안내하기에 따라갔다. 분위기가 익어갈 무렵, 큰 딸이 선물과 봉투를 내놓았다. 늙은이들은 봉투를 받으면 아이들처럼 입이 벌어진다. 큰 자식을 따라 너도나도 선물이며 봉투를 내놓았다. 우리 내외의 입 양 끝이 두 귀밑에 붙었다. 방 안은 금방 웃음꽃이 만발한 꽃밭으로 변했다. 아내는 그리도 좋으냐며 빈정댔지만, 눈물이 흐르면서도 웃고 있었다. 내가 흘리는 눈물의 뜻을 나 말고 아내도 짐작했겠지, 장장 반세기를 살 비비며 살아왔는 걸.

선물을 다 받고 이런저런 덕담을 나누다 내가 슬그머니 일어섰다. 아내더러 잠시 일어서라 했다. 영문도 모르는 아내는 간신히 일어섰다. 아내는 퇴행성 무릎관절염으로 수십 년간 다리가 불편한 환자다. 그 아내를 나를 향해 돌려 세웠다. 아내는 시키는 대로 허리 구부리고 엉거주춤 섰다.

나는 숨겨뒀던 감사장을 꺼냈다. 목청을 가다듬고 읽기 시작했다. 목이 메는 걸 간신히 참고 읽었다. 뜻밖의 내 행동에 모두 어리둥절하더니 곧 다 함께 일어서서 앞으로 두 손을 모았다. 장내는 숙연한 분위기로 바뀌었다.

'감사장'

'아내 김영희, 당신은 가난한 선비 가문 7남매의 맏며느리로 들어와 50년간 고생 참 많이 했소. 집안의 모든 대소사 도맡아 현명하게 처리했고, 부모님을 지극히 봉양하여 효부상도 받았소. 당신은 나의 병구완을 헌신적으로 하여 살려낸 내 생명의 은인이고, 4남매 바르게 길러낸 장한 어머니이기도 하오. 숱한 고생했소. 그 노고와 감사함을 여기에 담아 약간의 위로금과 함께 주니, 부디 지병을 다 털어버리고 고통 없이 여생을 지내다 가기 바라오.'

－ 우리 내외 결혼한 지 50주년을 맞는 날에, 남편 강현서

어린이날, 어버이날, 스승의날, 부부의날, 그리고 결혼 50주년…. 이 모든 특별한 날의 의미는 '감사'입니다. 그리고 이 감사는 기쁨과 행복으로 이어집니다.

부부는 특히 서로 '나 같은 사람과 살아주어서 감사하다'는 마음으로 살아야 합니다. 서로 덕을 보자는 마음으로 결혼하고, 그런 마음으로 살아가면 다툼이 일어날 수밖에 없습니다. '저 사람이 나하고 살면서 그래도 덕 좀 보았다는 생각이 들도록 해 줘야지' 하고 마음먹으면 행복할 수 있습니다. 그래서 감사하면 행복한 것입니다.

생각의
조각보

어느 중견 기업 임원들이 참석하는 워크숍에서, 휴대폰을 꺼내 아내에게 사랑과 감사의 문자메시지를 보내도록 하는 프로그램이 있었습니다.

한 임원이 이런 문자를 보냈습니다.

"당신이 있어 우리 집은 천국이야."

그러자 곧바로 이런 답장이 날아왔습니다.

"당신, 딴생각하지 말고 교육이나 열심히 받아요!"

놀랍게도 대부분의 답장이 냉소적이고 부정적인 내용이었습니다.

그런데 어느 임원이 주고받은 메시지만은 달랐습니다.

"세상이 아름다운 것은 당신이 있기 때문이야. 고마워요."

"당신 최고야. 당신은 우리 집 기둥이야. 사랑해요."

당신은 과연 어떤 답장을 받게 될까요?

나의 감사

"그들에게서 감사하는 소리가 나오고 즐거워하는 자들의 소리가 나오리라 내가 그들을 번성하게 하리니 그들의 수가 줄어들지 아니하겠고 내가 그들을 존귀하게 하리니 그들은 비천하여 지지 아니하리라" (예레미야 30장 19절)

어느 중학생의
감사일기

감사하는 마음은 자신의 영혼을 따뜻하게 해주는 마음입니다.
감사하는 마음에는 평안과 함께 기쁨이 샘솟아 사랑하는 마음이 스며들게 됩니다.
그리고 어려운 환경을 극복해 낼 수 있는 새 힘을 공급해 줍니다.

장애인 사역 단체인 '가브리엘의집'에는 중·고등학교
에서 퇴학 직전의 학생들이 사회 봉사 명령을 받고
옵니다. 학교로부터 '포기했다'는 말을 붙이고 온, 중학교 2학년
남학생의 죄명(?)은 이러합니다. '약한 친구 괴롭히기, 상습폭행
하기, 상습 거짓말, 도벽, 협박……'.

김정희 원장이 이 아이에게 감사일기를 쓰도록 인도했습니다.
그런데 이 아이가 '가브리엘의집'에 온지 5일 후에 이런 감사일
기를 썼습니다.

• 내가 5일 동안 보고 느끼고 생각한 끝에 고정관념이 바뀐
  것에 감사한다.

- 거짓말이 얼마나 나쁜 것인지를 알게 해 주고, 정직하면 얼마나 큰 행복이 오는 지 깨달음에 감사한다.
- 내가 감사일기를 쓰면서 남의 쓰레기가 내 쓰레기처럼 느끼게 된 것에 감사한다.
- 내 친구, 내 가족, 내 이웃 모두에게 감사한다.
- 지하철 안에서 자리가 없어 앉지 못하지만 손잡이가 있음에 감사한다.
- 내가 나쁜 짓을 많이 하고 사고를 쳤음에도 포기하지 않고 사랑을 베풀어 주신 어머니께 감사한다.
- 나에게 좋은 경험을 하게 해 주신 담임선생님께 감사한다.
- 꿈과 희망이 얼마나 좋은 것인지를 깨닫게 해주셔서 감사한다.
- 봉사 활동으로 나의 잘못을 뉘우칠 기회를 주심에 감사한다.

어떻습니까? 중학교 2학년 학생의 생각이 기특하지 않습니까? 감사의 힘입니다. 이 학생의 변화되는 과정을 보면서 학교 선생님이 더 놀랐습니다. 자신들은 포기했는데, '가브리엘의집'에서 장애로 어려운 아이들을 보고 느끼며 원장님의 사랑 어린 권면과 감사 일기 교육으로 단 며칠 만에 변하는 아이들을 보며 부모님의 기쁨은 이루 말할 수 없었다고 합니다. 부모님과 대화의 벽을 쌓고 살았던 아이가 마음을 열고 무엇인가 기록하는 것만 해도 감사한데, 거기다 이런 속깊은 감사일기를 쓰게 되다니 얼마나 놀라운지 모른다는 것입니다. 이것이 바로 감사가 행복의 샘이라는 사실을 보여 주는 실례라고 할 수 있습니다.

감사하는 마음은 자신의 영혼을 따뜻하게 해 주는 마음입니다. 감사하는 마음에는 평안과 함께 기쁨이 샘솟아 사랑하는 마음이 스며들게 됩니다. 그리고 어려운 환경을 극복해 낼 수 있는 새 힘을 공급해 줍니다.

'가브리엘의집' 김정희 원장은 이런 일도 있었다고 말합니다.

"도벽이 심한 여자 중학생인데, 법원서 사회봉사명령을 내렸지요. 가정환경을 비관해 자살 시도도 수차례 했다는 이야기를 들었습니다. 그 학생에게 감사 일기 책을 선물하면서 감사 제목을 다섯 가지 찾아서 적어 오라고 시켰습니다. 다음날 무려 34개의 감사 제목을 적어 왔습니다. 그리고 그 여학생은 이렇게 말했다고 합니다.

'원장님이 진심어린 표정으로 저를 대해 주셔서 저도 나름 진지하게 감사 제목을 찾아봤어요. 그런데 감사 제목이 이렇게 많은 것에 저도 놀랐어요. 이 세상 살아볼 가치가 있는 것 같아요.'"

생각의
조각보

켄터키 주의 한 시골 마을에서 우편배달부로 일했던 사람이 은퇴하면서, 자신이 배달했던 각 가정에 감사 편지를 보냈습니다.

"친절하고 훌륭한 여러분들에게 오랫동안 봉사할 수 있었음을 감사드립니다. 여러분이 멀리 떨어져 있는 사랑하는 사람에게 편지를 받았을 때, 저도 기뻤습니다. 슬픈 소식을 전할 때에는 저도 슬펐습니다. 오랫동안 기다리던 편지가 오지 않을 때는 저도 걱정하였습니다. 제가 실수했을 때도 여러분의 사랑과 이해심 때문에 용기를 잃지 않고 계속 일할 수 있었습니다. 앞으로 여러분의 가정에 기쁨과 평화가 항상 함께하기를 기도하겠습니다."

나의 감사

"우리가 너희를 위하여 기도할 때마다 하나님 곧 우리 주 예수 그리스도의 아버지께 감사하노라 이는 그리스도 예수 안에 너희의 믿음과 모든 성도에 대한 사랑을 들었음이요 너희를 위하여 하늘에 쌓아 둔 소망으로 말미암음이니 곧 너희가 전에 복음 진리의 말씀을 들은 것이라 이 복음이 이미 너희에게 이르매 너희가 듣고 참으로 하나님의 은혜를 깨달은 날부터 너희 중에서와 같이 또한 온 천하에서도 열매를 맺어 자라는도다" (골로새서 1장 3~6절)

마음으로 보는
달팽이의 별

"비밀을 가르쳐 줄게. 아주 간단한 거야.
오직 마음으로 보아야 잘 보인다는 거야.
가장 중요한 것은 눈에 보이지 않아"

학창 시절 생텍쥐페리의 "어린 왕자"를 읽으면서 바
오밥나무와 장미꽃 한 송이와 함께 별 B612에서 사
는 어린 왕자를 만나면서 가슴으로 세상을 보는 법의 소중함을
어렴풋이 느낀 적이 있습니다.

또 하나의 방법으로 세상을 보는 "달팽이의 별"을 소개합니다.

지난해 말 암스테르담 국제다큐영화제에서 아시아권 최초로
대상을 받은 영화 "달팽이의 별"은 그 별에 살고 있는 조영찬 전
도사와 그의 아내 이야기입니다.

한국의 헬렌 켈러라고 불리는 조영찬 전도사는 어릴 때 심한
열병을 앓은 뒤 시청각 중복 장애인이 되었습니다. 그에게는 시
각과 청각이 없지만 마음으로 세상을 바라보는 눈이 있습니다.

그는 별이 보이지 않아도 별이 있음을 알고, 어두운 밤에도 지구 아래 붉은 태양이 웅크리고 있음을 압니다. 참으로 듣기 위해서 잠시 듣지 않을 뿐이고, 참으로 보기 위해서 잠시 보지 않을 뿐이라고 말합니다. 그리고 그는 우주 저 멀리 날아간 자신의 감각이 어느 날 길을 찾아서 돌아올 날이 있을 것이라는 희망을 가지고 살아가고 있습니다.

이렇게 그가 외로움을 이겨내고 밖으로 나올 수 있었던 것은 그를 돕는 아내가 있기 때문입니다. 어린 왕자에게 바오밥나무와 장미꽃 한 송이가 있었듯이, 달팽이의 별에는 조영찬 전도사의 아내가 함께 살고 있습니다. 그의 아내는 척추 장애로 키가 120cm밖에 되지 않지만, 그는 그녀에게, 그녀는 그에게 길들여져 서로에게 돕는 배필이 되어 주고 있습니다.

"외로운 저를 홀로 내버려 두지 않으시고 헬렌 켈러에게 설리반 선생님을 보내셨던 것처럼 저에게 아내를 보내 주셨습니다. 절망을 딛고 달팽이처럼 느리게나마 세상 속으로 나올 수 있게 된 것은 전적으로 돕는 아내와 주님의 은혜였습니다."

그와 그녀가 함께 살고 있는 이 달팽이의 별에는 비록 소리가 없지만 그녀가 그의 두 손에 손가락을 올려놓고 글을 쓰는 모습은 그 어떤 피아니스트의 연주보다 가슴을 울립니다. 이처럼 그 별에서는 세상을 눈으로 보는 것이 아니라 마음으로 봅니다. 마음이 보이고 들리고 만져지는 세상입니다. 빗소리도, 나뭇잎 바스락거리는 소리도, 나무가 들려주는 이야기도 손끝을 통해 서로의 마음에 깃듭니다. 그들의 세상에는 우리가 쉽게 지나쳐 버릴 수 있는 감사의 조건들이 천천히, 그리고 느릿느릿, 이 세상의 시간을 넘어서 아름답게 빛을 발합니다.

달팽이는 명암만 구분하고 시력과 청력이 없으며 암수한몸 입니다. 그와 그녀가 살고 있는 곳을 달팽이의 별이라 일컫는 이유입니다. 그녀는 등이 굽어 다른 이들보다 키가 작고, 그는 시각과 청각을 잃었습니다. 그러나 그와 그녀는 느리지만 다정하게 서로에게 감사와 희망이 되어 줍니다.

조영찬 전도사는 세상을 마음으로 보며 더욱 아름답게 만들어 갈 꿈을 가지고 있습니다. 현재 그는 시청각 장애인들의 인권 보호를 위해 '설리반의 손 헬렌 켈러의 꿈'이라는 인터넷 카페를 개설하였고, 국가인권위원회 등과 함께 시청각 장애인 인권 개선 세미나도 개최하였습니다. 그리고 지금도 시청각장애인들을 위한 복지관과 교회를 세우는 꿈을 이루기 위해 달려가고 있습니다.

그와 그가 살고 있는 달팽이의 별로 잠시 떠난 여행은 그들의 삶 속에서 넘치는 감사와 기쁨이 마음으로 전해지는 따뜻한 여행이었습니다.

양의 털 깎는 것을 본 적이 있습니까?

양의 뒷다리를 앞으로 하고 마른 바닥에 엉덩이를 붙이게 합니다.

그러면 양털 깎는 사람이 두 앞다리를 잡고 끌면 앉은 채로 끌리게 됩니다. 고개를 옆으로 젖히면 옆으로 젖힌 채로, 뒤로 하면 뒤로 젖힌 채로, 앞다리를 위로 하면 위로 한 채로, 그 사람이 하는 대로 순하게 가만히 있습니다.

성경은 우리를 양이라고 칭합니다. 내가 양이 되면 하나님께서 친히 목자가 되어 주실 것입니다.

나의 감사

"이제 모든 짐승에게 물어 보라 그것들이 네게 가르치리라 공중의 새에게 물어 보라 그것들이 또한 네게 말하리라 땅에게 말하라 네게 가르치리라 바다의 고기도 네게 설명하리라 이것들 중에 어느 것이 야훼의 손이 이를 행하신 줄을 알지 못하랴" (욥기 12장 7~9절)

"하나님의 자녀는 항상 감사와 찬송을 합니다.

마귀의 자녀는 불평과 원망뿐입니다.

겸손한 사람은 감사의 찬송을 하지만,

교만한 사람은 불평과 원망이 가득합니다."

5부

신령한 노래

찬송시 1만 2천개
창작한 거인

"가슴이 터질 것 같았던 많은 슬픔들이 내 인생의 여정을 가로질러왔습니다.
그러나 주님께서 보내 주신 두 천사 곧 자비와 진실은 오랜 삶 가운데에서도
결코 부족하지 않게 하셨습니다. 나는 일생 동안 주님의 뜻에 따라 살려고 노력했습니다.
바로 그것이 나의 단순한 삶이 지금까지 인도될 수 있었던 유일한 길이었습니다."

1만 2천여 찬송시를 혼자 써낸 사람이 있습니다.
우리가 즐겨 부르며 깊은 은혜를 받는 아주
'예수 나를 위하여'를 비롯하여, '나의 생명 되신 주' '너희 죄 흉
악하나' '인애하신 구세주여' '주가 맡긴 모든 역사' 등 수없이 많
은 찬송시를 내놓은 크로스비의 삶은 책 한 권을 가득 채워도 못
다할 만큼 감동적인 이야기들이 많습니다. 그의 역경의 삶에서
그런 맑은 영혼을 갖게 된 것은 주님의 특별한 은총 아니면 설명
되지 않습니다.

태어난 지 두 달도 채 되기 전에 의사의 실수로 시력을 잃었
고, 갓 돌을 지났을 때는 아버지를 중병으로 잃었으며, 엄마는
생계를 위해 아이를 외할머니에게 맡기고 도시로 나가 노동할

수밖에 없어 가난과 외로움에 시달렸고, 11살이 되었을 때는 기도와 말씀으로 양육해 주던 외할머니도 세상을 떠나고 말았습니다. 이런 유년기를 보낸 크로스비이지만, 하나님의 선한 도구가 되어 일생 동안 쉼 없이 주옥 같은 찬송시를 풀어내 놓았습니다.

세상의 눈으로 볼 때는 가장 불행하고 슬픈 여인이었습니다만, 하나님과 동행하는 삶을 살아서 영적으로는 세상에서 가장 행복한 사람이었습니다. 언젠가는 하늘에 계신 하나님께 돌아간다는 소망의 밧줄을 잡고 살았던 그녀의 삶은 천국 그 자체였습니다.

어린 시절, 외할머니는 시력이 없는 그녀의 눈이 되어 주었습니다. 늘 곁에서 기도와 성경 말씀을 들려주었고, 한적한 교외를 함께 자주 거닐며 무엇이나 만지고 냄새 맡고 맛보게 함으로써 눈으로 볼 수 없는 세상을 직접 경험하게 해주었습니다. 8살 때 크로스비는 이미 이런 놀라운 시를 썼습니다.

"아, 나는 얼마나 행복한 사람인가!
비록 보이지는 않는다 해도 내가 누리는 이 세상에 나는 만족하리
다른 사람들이 갖지 못한 축복을 나는 얼마나 많이 누리고 있는지
보이지 않기 때문에 한숨짓고 눈물지을 수도 있지만
나는 한숨짓고 눈물지으려 하지도 않으리."

감사, 행복의 샘

크로스비의 삶에는 특징 다섯 가지가 있었습니다.

첫째, 그녀는 부지런한 일꾼이었습니다. 술집과 거리의 여자들이 즐비한 뒷골목에 살면서 밤낮으로 전도하고 밤늦게 집으로 돌아와 영감 어린 찬송시들을 써 나갔습니다. 시간이 있을 때마다 성경을 암송하고 골방에 들어가 기도했습니다.

둘째, 모든 면에서 뛰어난 기억력을 가지고 있었습니다.

셋째, 이타적인 마음씨를 가지고 있었고, 자신이 소유한 것들을 철저히 남을 위해 썼습니다.

넷째, 어린아이처럼 항상 기쁨에 차 있었고, 슬퍼하거나 후회하는 말을 한 적이 없었습니다.

다섯째, 놀라운 평안을 가지고 있어서, 언제 어디서든지 불쌍하고 어려운 사람들을 위로했습니다.

뉴욕의 교회들은 그녀가 85세가 되던 해 생일(1905년 3월 24일)을 맞아 '패니 크로스비의 날'로 정하고, 미국 전역에 있는 수백만의 사람들이 그녀가 만든 찬송가 '결코 포기하지 마라'를 부르기 위해 각각 교회로 모였다고 합니다.

"결코 포기하지 마라. 결코 포기하지 마라.
당신의 슬픔에 결코 포기하지 마라.

예수 그리스도가 그것들을 벗어나게 할 것이다.

주를 믿으라. 주를 믿으라.

당신의 시련이 가장 클 때 노래하라.

주를 믿고 마음을 다하라."

패니 크로스비는 자신의 실명을 한 번도 원망하거나 실망한 적이 없었고, 오히려 늘 감사하면서 사명을 감당했습니다. 찬송가사마다 하나님과 동행한 여인의 눈물어린 고백, 그리고 하나님을 향한 그녀의 사랑과 감사와 은혜의 간증이 녹아 있습니다. 그녀는 90세 되던 해에 이런 간증을 했습니다.

"가슴이 터질 것 같았던 많은 슬픔들이 내 인생의 여정을 가로질러왔습니다. 그러나 주님께서 보내주신 두 천사 곧 자비와 진실은 오랜 삶 가운데에서도 결코 부족하지 않게 하셨습니다. 평생 주님의 뜻에 따라 살려고 노력했습니다. 어느 때는 내 뜻대로 안 되기도 했지만, 그때마다 주님의 뜻을 구했습니다. 그리고 내 뜻을 버리고 주님의 뜻을 따랐습니다. 바로 그것이 나의 단순한 삶이 지금까지 인도될 수 있었던 유일한 길이었습니다."

"어떻게 그런 장애를 가지고도 감사하며 행복해
할 수 있지요? 눈을 상하게 한 의사를 원망하고 미
워하지 않나요?"

패니 크로스비는 이런 질문을 받을 때마다 말합니다.

"하나님께서 시력 잃은 나를 그분의 뜻대로 사용하시는 겁니다. 나보다
더 행복한 사람은 없을 겁니다. 내 행복의 잔은 사랑하는 주님의 은혜 가
운데 항상 넘치고 있어요! 친구들의 얼굴이나 꽃과 하늘과 반짝이는 별들
은 볼 수 없지만, '만족'이라는 보물을 마음에 담고 있답니다."

나의 감사

"기도를 계속하고 기도에 감사함으로 깨어 있으라" (골로새서 4장 2절)

영감이 낳은
불후의 명곡
'메시아'

"내가 몸 밖에 있었는지, 몸 안에 있었는지 의식할 수가 없었다.
다만 하늘 문이 열리고 나는 하나님 바로 곁에 서서,
하나님과 함께 무엇인가를 하고 있다는 느낌뿐이었다."

18세기가 낳은 불후의 명작 헨델Georg Friedrich Händel
의 '메시아'는 그냥 '명곡'이라고만 표현하기엔 부
족한, 참으로 특별한 작품입니다. 그러나 이 작품을 만들기 직
전의 헨델은 거듭되는 실패로 파산하고 건강까지 잃어 재기불능
상황이었습니다.

기독교 가정에서 태어났지만 진실된 그리스도인의 삶을 살기
보다 편리한 삶을 추구했던 사람이었습니다. 그런 그에게 시련
이 찾아왔습니다. 오페라를 열었는데 관객이 모이지 않아 큰 충
격을 받고, 뇌일혈로 쓰러져 몸을 움직이기 어려웠습니다. 설
상가상으로 빚은 늘어만 가고, 친구들마저 그를 떠났습니다. 술
로 인생을 달래며 좌절과 고독 속에 어두운 시간을 보내고 있었

습니다.

어느 날 밤, 그 날도 술에 취해 거리를 헤매다 혼자 사는 아파트에 들어가는데, 친구 시인에게서 한통의 편지가 도착해 있었습니다. "이것을 가지고 작곡해 보라"는 격려의 편지와 함께 한 편의 시가 들어있었습니다.

바로 이사야서 40장 1절과 5절을 내용으로 한 시였습니다.

"위로하라! 위로하라! 내 백성을 위로하라.
오 주 하나님이 말씀하신다.
주의 영광은 드러나고야 말리라.
그 육체가 그 영광을 보리라."

바로 그 순간 헨델은 어떤 영감에 주체할 수가 없어 그것을 오선지에 옮기기 시작했습니다. 1741년 8월 22일부터 시작해 그 후로 24일 동안 일어난 사건입니다. 이 작품이 바로 그 유명한 '메시아Messiah'라는 대곡입니다.

그는 작곡을 마친 다음, 그의 일기에 이렇게 기록했습니다.

"내가 몸 밖에 있었는지, 몸 안에 있었는지 의식할 수가 없었다. 다만 하늘 문이 열리고 나는 하나님 바로 곁에 서서, 하나님과 함께 무엇인가를 하고 있다는 느낌뿐이었다."

그의 메시아 작곡 노트에도 회오리바람이 느껴질 만큼 순식간에 해낸 모습이 역력히 보입니다. 24일 동안 그는 먹지도 자지도 않고, 하인이 가져다주는 음식까지도 거들떠보지도 않고, 이 작업에만 몰두했던 것입니다.

"나는 내 앞에서 하늘을 보았고, 또한 위대하신 하나님을 분명히 보았다."

이 작품이 영국에서 초연될 때, 당시 국왕 조지 2세가 '할렐루야'의 장엄한 합창을 듣고 너무 놀라 자신도 모르게 일어섰다는 일화는 유명합니다. 그래서 지금도 할렐루야가 연주될 때면 모든 관객들이 기립하는 전통이 생겼습니다.

헨델은 찬양의 곡조를 통해 감사를 표현했고, 그 감사의 고백은 환경을 변화시켰습니다. 나비의 날개짓이 폭풍우와 같은 커다란 변화를 유발하는 것처럼 감사의 고백은 나와 주변 환경을 변화시키는 힘이 있습니다.

생각의
조각보

1818년 12월 23일, 오스트리아의 조그만 마을 오베른도르프에 있는 한 예배당에 이상한 일이 일어났습니다. 생쥐 한 마리가 풍금의 바람통을 갉아 먹은 것입니다. 때마침 성탄절 찬양를 준비하러 12명의 성가대원들이 모였는데, 풍금에서는 소리가 나오지 않았습니다.

하는 수 없이 반주자 구르버 선생은 모르 목사님의 성시 한 구절을 임시변통으로 성탄 성가를 작곡하여, 이 곡을 기타에 맞추어 성탄축하 찬양을 가까스로 하게 되었습니다.

그 찬양이 바로 유명한 '고요한 밤 거룩한 밤'입니다.

나의 감사

"내가 입으로 야훼께 크게 감사하며 많은 사람 중에서 찬송하리니" (시편 109편 30절)

실명 속에 만난
하나님

시력을 잃어가면서도 지금까지 살아온 것이 감사하고,
일할 자리를 주신 것도 감사하고, 마음껏 예배드릴 수 있는 것도 감사하고...
무엇보다도 영적 부요와 평안을 주신 것에 감사했습니다.

찬양 '거룩하신 하나님'을 지은 헬 스미스라고 하는 분이 있습니다. 그가 이 감사 찬송을 짓게 된 것은 좋은 일이 생겨서 감사하기 위한 것이 아닙니다. 그는 퇴행성 안구질환으로 점점 실명케 되는 병에 걸렸습니다. 젊은 청년이 점차 앞이 안보이기 시작하여 직장도 잃고 절망에 빠졌습니다. '내 젊은 청춘이 이렇게 끝나는구나.' 라고 생각했습니다.

그때 다니는 교회에서 일자리를 주었습니다. 하지만 앞이 잘 보이지 않으니 일을 하기 힘들었습니다. 그러던 어느 주일 예배 시간에 목사님의 말씀을 듣다가 큰 감동을 받았습니다.

"우리 주 예수 그리스도의 은혜를 너희가 알거니와 부요하신 이로서 너희를 위하여 가난하게 되심은 그의 가난함으로 말미

암아 너희를 부요하게 하려 하심이라"(고린도후서 8장9절)

이 말씀에 큰 은혜를 받았습니다. 눈물을 펑펑 쏟았습니다.

'예수님께서 우리를 부요케 만드시려고 이 땅에서 그런 고난을 겪으셨구나!', '주님의 그 은혜에 감사하지 못하고 앞이 잘 안보이게 되었다고 불평만 했구나.' 라는 깨달음과 함께 회개의 눈물이 계속되었습니다.

그리고 감사하기 시작했습니다. 지금까지 살아온 것도 감사하고, 또 이런 나에게 일할 수 있는 일자리를 주신 것도 감사하고, 마음껏 예배드릴 수 있는 것도 감사했습니다. 무엇보다도 영적인 부요함과 평안함을 주신 것에 감사했습니다.

그때 쓴 찬송시가 바로 '거룩하신 하나님'입니다.

거룩하신 하나님 주께 감사드리세
날 위해 이 땅에 오신 독생자 예수
나의 맘과 뜻 다해 주를 사랑합니다
내가 약할 때 강함 주고
가난할 때 우리를 부요케 하신 나의 주 감사 감사

찬양은 하나님께 드리는 감사의 표현이자 감사의 자세입니다. 찬양과 감사는 하나님을 높이고 기쁘시게 합니다. 하나님께서는 찬양하는 자녀들에게 복을 주실 것을 약속하셨습니다.

생각의
조각보

기쁜 일이 있습니까? 찬송하십시오. 기쁨이 몇 배로 커집니다.

슬픈 일이 있습니까? 찬송하십시오. 기쁜 일로 바뀝니다.

자나 깨나, 걸어가든 차 안에서든, 언제 어디서나 말씀을 묵상하듯 찬송을 하십시오.

하루를 감사의 찬송으로 시작하십시오.

하나님이 하루를 책임지십니다.

성령의 아홉 가지 열매가 있듯이, 입술에는 찬송의 열매가 있습니다.

나의 감사

"이르되 아멘 찬송과 영광과 지혜와 감사와 존귀와 권능과 힘이 우리 하나님께 세세토록 있을지어다 아멘 하더라" (요한계시록 7장 12절)

시련 딛고
찾은 평안

"주님, 누구보다도 주님을 사랑했던 저에게 어찌하여 이토록 큰 시련을 주십니까?"

호레이시오 스패포드H. G. Spafford는 시카고의 성공한 변호사였을 뿐 아니라 린드대학교와 시카고의과대학의 법리학 교수요, 노스웨스트 장로교신학교 이사 및 운영위원이었습니다. 또한 세계적 전도자 무디의 절친한 친구로, 무디가 담임하는 교회의 회계 집사와 주일학교 교사로, 독실한 신앙인이었습니다.

그런데 43세 되던 1871년에 일어난 시카고 대화재로 재산을 모두 잃었고, 재난 직전에는 급성 전염성 피부 질환으로 첫째 아들도 잃었습니다. 엄청난 시련 앞에서 스패포드와 그의 가족은 휴식이 절대적으로 필요했습니다. 그래서 아내와 네 딸과 함께 유럽 여행을 가기로 계획했습니다. 때마침 유럽에서 복음 전도 사역을 전개하고 있던 친구 무디의 전도 집회도 돕고 싶었습니다.

1873년 11월 15일, 스패포드의 가족과 많은 승객을 태운 프랑스 여객선 빌르 드 아브르는 뉴욕 항에서 출발을 기다리고 있던 중, 출항 몇 분 전에 스패포드는 아주 긴급한 일이 생겨, 나중에 따라가기로 하고 가족을 먼저 떠나보내고 배에서 내렸습니다.

아내와 딸들을 태운 배는 순항하는 듯했습니다. 그런데 일주일 후, 22일 새벽 2시, 그 배는 대서양 한 가운데서 영국 철갑선 '라키언' 호와 정면으로 충돌하고 말았습니다. 배는 226명의 생명을 안고 바다 속으로 가라앉았습니다.

그 와중에 스패포드의 딸들은 모두 배와 함께 잠기고 아내만 물 위로 떠올라 구명정에 의해 구조되었습니다. 9일 후 다른 생존자들과 함께 웨일즈의 카디프에 도착한 스패포드의 부인은 '혼자만 살아남았음'Saved Alone이란 짤막한 전문을 남편에게 보냈습니다.

이 소식을 전해 받은 스패포드는 앞이 캄캄했습니다. 그러나 사랑하는 딸들을 잃고 정신없이 헤맬 그의 아내가 걱정되어 부인을 데리러 가기 위해 배에 올랐습니다. 배를 타고 항해 중에 선장과 함께 이야기를 나누던 중, 선장은 스패포드에게 다음과 같이 말했습니다.

"지금 이 배는 딸들이 잠긴 물위를 지나고 있습니다."

그때까지 애써 마음을 진정시키고 있던 스패포드의 마음에 커다란 파도가 일어나기 시작했습니다. 깊은 그 곳에 잠들어 있을 딸들을 생각하니 너무나 괴로웠습니다. 그는 선실로 돌아와 극도의 슬픔과 고통으로 밤이 새도록 하나님께 울부짖었습니다.

"주님, 누구보다도 주님을 사랑했던 저에게 어찌하여 이토록 큰 시련을 주십니까?"

그는 방에 틀어박혀 두문불출하자 주변 사람들은 그의 믿음이 혹시라도 실족할까 봐 걱정했습니다.

그런데 절망과 탄식 속에 기도하던 스패포드에게 갑자기 마음 속 깊은 곳에서 형언할 수 없는 하나님에 대한 신뢰와 평안이 솟구쳐 오르기 시작했습니다. 그리고 그의 입술에서는 평생 경험해 보지 못한 평안을 고백하고 있었습니다.

"평안해 내 영혼 평안해. 하나님의 뜻이 이루어지이다!

(It is well. It is well with my soul. God's will be done!)

다음날 아침, 스패포드는 주님께서 주신 영감으로 시를 써내려 갔는데, 그 시가 바로 '내 영혼 평안해'It is well with my soul라는 찬송입니다.

　　내 평생에 가는 길 순탄하여 늘 잔잔한 강 같든지
　　큰 풍파로 무섭고 어렵든지 나의 영혼은 늘 편하다

　　저 마귀는 우리를 삼키려고 입 벌리고 달려와도

주 예수는 우리의 대장 되니 끝내 싸워서 이기겠네

내 지은 죄 주홍 빛 같더라도 주 예수께 다 아뢰면
그 십자가 피로써 다 씻으사 흰 눈보다 더 정하리라

저 공중에 구름이 일어나며 큰 나팔이 울릴 때에
주 오셔서 세상을 심판해도 나의 영혼은 겁 없으리

(후렴) 내 영혼 평안해 내 영혼 내 영혼 평안해.

　시카고로 돌아온 스패포드는 필립 블리스에게 자신의 아픈 사연과 고백을 들려 주었습니다. 그 고백과 시에 감동을 받은 블리스는 바로 그 자리에서 곡을 붙였고, 지금 우리가 애창하고 있는 바로 그 찬송이 되었습니다.
　'감사'는 헬라어로 '유가리스티아'라고 합니다. 명사로는 '좋은 은혜', '행복한 은혜'라는 의미이며, 동사로는 '숙고한다', '곰곰이 잘 생각한다'라는 뜻을 갖고 있습니다. 즉 '행복을 가져다주는 좋은 은혜를 잘 숙고하여 그 깊이를 깨닫는 일'이 바로 '감사'라는 것입니다.
　하나님께서 주시는 평안과 기쁨과 자유를 깊이 깨닫고 잘 누리는 것이 감사가 아닐까요? ✒

생각의
조각보

영국의 여객선 스텔라호가 암초에 부딪쳐 난파되어 거친 파도는 승객들이 탄 구명보트마저 삼켜버렸습니다. 그중 12명의 여성이 탄 구명보트는 노가 없어도 계속 균형을 유지했습니다. 그 보트에 탄 유명 가수 마가렛 윌리엄스는 외쳤습니다.

"이제 하나님께 의지합시다. 믿음으로 함께 찬송을 부릅시다."

그들은 사나운 폭풍과 칠흑 같은 어둠 속에서도 찬송을 부르며 희망을 잃지 않았습니다. 이튿날 아침, 구조대가 생존자들을 찾아 나섰습니다. 그러나 짙은 안개로 한치 앞도 볼 수 없었습니다. 그때 어디선가 찬송 소리가 울려 퍼졌습니다. 이를 따라 가보니 여인들이 구명 보트에서 찬송을 부르고 있었습니다.

나의 감사

"평안을 너희에게 끼치노니 곧 나의 평안을 너희에게 주노라 내가 너희에게 주는 것은 세상이 주는 것과 같지 아니하니라 너희는 마음에 근심하지도 말고 두려워하지도 말라" (요한복음 14장 27절)

주 하나님
지으신
모든 세계

엄청난 폭풍우의 공포가 지나가자 눈부신 햇살이 비취고
숲에서는 새들의 노래소리가 들리는 것을 보고 감동 받은 보버그 목사는
'주 하나님 지으신 모든 세계' 를 작사하였고, 빌리 그레이엄 전도집회를
통해 세계 각국으로 널리 퍼져 애창 하는 찬송이 되었습니다.

1885년의 여름 어느날, 보버그 목사는 스웨덴 서남
해안의 몬 테 테로스 지방을 여행하다가 갑자기
엄청난 폭풍우를 만났습니다. 대낮인데도 세상이 암흑으로 변해
서 그는 심한 공포감에 사로잡혔습니다.

하지만 잠시 후, 그 심한 비바람은 간 곳 없고 눈부신 햇살이
다시 비취고 숲에서는 새들의 노랫 소리가 들려왔습니다. 어디
선가 교회의 종소리가 해수면을 따라 울려 퍼지는 것이 들렸습
니다. 조금 전의 어두움과 폭풍우의 공포는 어디로 사라지고 순
식간에 세상은 아름다운 천국으로 변모했습니다.

순간 보버그 목사는 이 모든 것을 창조하신 하나님의 크고 위
대하심에 가슴이 벅차올랐습니다. 자신도 모르게 무릎을 꿇고

하나님께 감사의 기도를 드렸습니다. 그 때 떠오른 찬송시가 바로 찬송가 '주 하나님 지으신 모든 세계'입니다. 원문은 'O Store Gud'(오 위대하신 하나님)입니다.

1954년 빌리 그레이엄 전도대가 영국을 방문했을 때, 이 찬송곡은 전도 집회의 주제곡처럼 힘차게 울려 퍼졌습니다. 그 후 빌리 그레이엄 전도대의 1955년 토론토 대집회를 비롯해 1957년 뉴욕의 대집회 등 전도집회 때마다 수없이 불렸습니다. 특별히 뉴욕 전도 집회 때는 가수 조지 비브리세이와 성가대가 99번이나 이 찬송가를 불러서, 참석한 성도들을 감격과 감동의 도가니 속으로 몰아넣기도 했습니다.

집회에 참석한 성도들은 이 찬송에 은혜를 받아 교회와 집에서도 애창했습니다. 특히 아름다운 자연을 대할 때마다, 이 찬송으로 하나님의 위대하심을 가슴 깊은 곳에서부터 찬양하게 되었습니다. 1960년에는 '가장 많이 불리는 10대 찬송가' 순위 4위를 차지했습니다. 그리고 20세기 영국과 미국에서 가장 인기있는 찬송 중 하나로 기록되었습니다.

주 하나님 지으신 모든 세계 내 마음 속에 그리어 볼 때
하늘의 별 울려 퍼지는 뇌성 주님의 권능 우주에 찼네

숲속이나 험한 산골짝에서 지저귀는 새소리들과

고요하게 흐르는 시냇물은 주님의 솜씨 노래하도다

주 하나님 독생자 아낌없이 우리를 위해 보내 주셨네
십자가에 피흘려 죽으신 주 내 모든 죄를 대속하셨네

내 주 예수 세상에 다시 올 때 저 천국으로 날 인도하리
나 겸손히 엎드려 경배하며 영원히 주를 찬양하리라

(후렴) 주님의 높고 위대하심을 내 영혼이 찬양하네
　　　　주님의 높고 위대하심을 내 영혼이 찬양하네

찬양은 절망 속에서도 희망을 갖게 하며, 치유의 힘을 갖고 있습니다. 깊이 잠든 영혼을 깨웁니다. 찬양하는 사람이 하나님의 자녀이고 예수님의 제자이며 성령의 사람입니다.

런던의 길모퉁이에서 구두를 닦는 소년이 있었습니다. 아버지는 빚 때문에 감옥에 가서 어린 소년이 구두닦이가 되었지만, 밤하늘에 빛나는 별을 보며 탄식 대신 희망의 노래를 부르곤 했습니다.

이를 본 사람들이 "구두 닦는 일이 좋으냐?"고 물을 때마다, 소년은 이렇게 대답했습니다. "그럼요, 저는 희망을 닦고 있는걸요."

희망을 닦던 그 소년은 후에 영국을 대표하는 세계적인 작가가 되었는데 바로 '올리버 트위스트'를 쓴 찰스 디킨스입니다.

나의 감사

"내가 입으로 야훼께 크게 감사하며 많은 사람 중에서 찬송하리니" (시편 109편 30절)

저 높고
푸른 하늘과...

시편을 묵상하다가 영감을 받아 써내려간 시가 바로 이 찬송입니다.
하이든의 오라토리오 '천지창조' 제1부의 12번 마지막 합창곡을 편곡해서
아디손의 가사를 넣어 찬송가로 편곡한 것이 이 찬송입니다.

영국 시인 조셉 아디손Joseph Addison이 시편을 묵상하다가 어느 순간 이 세상을 창조하신 하나님의 무한하신 사랑에 기쁨의 눈물을 한없이 흘렸습니다. 바로 시편 19편을 읽으면서 하나님의 영광을 바라보았던 것입니다.

한참 후에 그는 일어나 책상으로 가서 펜을 들었습니다. 그리고 종이 위에 시를 써 내려가기 시작했습니다. 그 시가 바로 '저 높고 푸른 하늘과' 입니다.

저 높고 푸른 하늘과 수없이 빛난 별들을
지으신 이는 창조주 그 솜씨 크고 크셔라

날마다 뜨는 저 태양 하나님 크신 권능을
만백성 모두 보라고 만방에 두루 비치네

해 지고 황혼 깃들 때 동편에 달이 떠올라
밤마다 귀한 소식을 이 땅에 두루 전하네
행성과 항성 모든 별 저마다 제 길 돌면서
창조의 기쁜 소식을 온 세상 널리 전하네

엄숙한 침묵 속에서 뭇별이 제 길 따르며
지구를 싸고 돌 때에 들리는 소리 없어도
내 마음 귀가 열리면 그 말씀 밝히 들리네
우리를 지어 내신 이 대 주재 성부 하나님 아멘.

아디손Joseph Addison은 런던의 잡지 '스펙테이터'The Spectator 1712
년 8월23일자에 '사람 마음의 믿음을 강하게 하고 확신있게 하
는 방법에 관한 에세이'An Essay On the Proper Means of Strengthening and
Confirming Faith in the Mind of Man라는 글을 발표했는데, 그 마지막
부분에 이 시를 소개하고 있습니다.
　이 곡은 하이든Franz Joseph Haydn이 1798년에 작곡한 오라토리오
'천지창조'CREATION 제1부의 12번 마지막 합창곡을 편곡한 것입
니다. 하이든은 친구 잘로몬Johann Peter Salomon의 초청으로 런던을

방문했을 때, 헨델의 오라토리오 '메시아'Messiah를 듣고 크게 감동하여 이 작품을 썼습니다. 하이든의 곡에 아디손의 가사를 넣어 찬송가로 편곡한 사람은 영국 출신의 가디너William Gardiner,입니다.

하나님께서는 천지를 창조하실 때부터 하나님을 알만한 것들을 인간에게 주셨습니다. 이미 충분히 자연과 생물, 그리고 인간의 마음에 당신을 계시해 놓으셨다는 것입니다. 인간이 만든 색깔로는 감히 표현할 수 없는 온갖 꽃들과 새들과 물고기들과 매일같이 어김없이 뜨고 지는 해와 일정한 모양으로 변해 가는 달과 사계절을 보면서, 어떻게 창조주를 모를 수 있겠습니까? 어떻게 창조주를 찬양하지 않을 수 있겠습니까?

거친 식사, 험한 잠자리, 열악한 환경…….

감옥과 수도원은 겉으로 보기에는 별 차이가 없는 것 같습니다.

하지만 그 내면을 들여다보면 전혀 다른 생활이 펼쳐지고 있다는 것을 알 수 있습니다.

감옥에 있는 죄수들의 마음 속에는 각종 불평과 요구로 가득합니다.

수도사들에게는 감사와 찬양이 있습니다.

나의 감사

"초장은 양 떼로 옷 입었고 골짜기는 곡식으로 덮였으매 그들이 다 즐거이 외치고 또 노래하나이다"
(시편 65편 13절)

예수
사랑하심은

"예수님이 날 사랑하세요. 그 사실을 내가 알지요.
성경에서 말씀하시기 때문이에요. 주님께 속한 연약한 이들,
그들은 약하지만 예수님은 강하세요."

19세기 미국의 소설가 안나 바틀렛 워너Anna Bartlett
Warner에게 포트넘 출판사 사장이 창작 소설 집필
을 의뢰해 왔습니다. 당시 안나의 언니 수잔의 소설 '말과 표적'
Say and Seal이 베스트셀러가 되어 있을 때여서, 자매가 함께 페이
스 데릭Faith Derric이란 아름다운 소녀을 주인공으로 하여 집필을
시작했습니다. 이것이 '넓고 넓은 세상'The wide wide world이라는 작
품입니다.

　페이스를 사랑하는 주일학교 교사 존 앤디컷 린던과 병약해
서 끝내 죽게 되는 병든 소년 조니 팩스 등을 등장 인물로 한 장
편 소설입니다.

　이후 이 소설이 1860년 단행본으로 출판되자, 소설 속 인물이

허구임에도 읽는 이로 하여금 실제라는 착각을 불러일으킬 만큼 대단한 인기를 얻게 되었습니다. 시간이 지나자 '톰 아저씨의 오두막'이나 '바람과 함께 사라지다' 등을 능가하는 베스트셀러로 등극하기도 했습니다.

이 책의 내용 중 병약한 조니 팩스 소년이 숨을 거두기 전, 자기를 극진히 돌보는 린던 선생과 페이스에게 "선생님, 노래를 불러주세요."라고 청하는 장면이 나옵니다. 이때 린던 선생은 조용하고 따뜻한 목소리로 가쁜 숨을 몰아쉬는 팩스의 꺼져 가는 눈을 바라보며 노래하기 시작했습니다.

"예수님께서 날 사랑하세요. 그 사실을 내가 알지요. 성경에서 말씀하시기 때문이에요. 주님께 속한 연약한 이들, 그들은 약하지만 예수님은 강하세요."

요한복음 15장 9절을 바탕으로 한 이 노래를 들으며 팩스는 조용히 하늘나라로 떠났습니다.

이 찬송의 가사는 소설 속 내용의 한 장면에서 발췌된 것입니다. 당시 1,000여 쪽이 넘는 장편으로 전 미국을 휩쓸며 감동을 주었던 이 책을 작곡가 브래드버리William Bradbury가 읽던 중, 이 시가 나오는 부분에서 깊은 영감을 얻어 즉석에서 작곡한 것이 바로 '예수 사랑하심을'Jesus loves Me입니다.

1862년 그의 노래집 '황금 소낙비'Golden Shower에 '예수 사랑하심을'이 수록된 후 순식간에 알려지게 되었습니다. 이 찬송가로 인하여 소설가 안나의 명성은 오히려 찬송가 작사자로 더욱 유명해졌습니다. 이후 이 찬송가는 영어를 쓰는 모든 나라에서 주일학교 교가처럼 인식되어 불렸고, 전 세계의 다양한 언어로 번역되어 지금까지 애창되고 있습니다.

이 찬송은 세계의 어린이들이 가장 좋아하는 찬송가 중의 하나입니다. 특히 선교지에서 아이들에게 가장 먼저 가르쳐 주는 찬송가입니다. 또한 새 신자들과 임종 을 앞둔 송도들을 위해서도 많이 부르는 찬송입니다.

예수 사랑하심을 성경에서 배웠네
우리들은 약하나 예수 권세 많도다

나를 사랑하시고 나의 죄를 다 씻어
하늘 문을 여시고 들어가게 하시네

내가 연약할수록 더욱 귀히 여기사
높은 보좌 위에서 낮은 나를 보시네

세상 사는 동안에 나와 함께하시고
세상 떠나가는 날 천국 가게 하소서

(후렴) 날 사랑하심 날 사랑하심 날 사랑하심 성경에 쓰였네

하나님께서 나를 사랑하신다는 사실이 성경에 써 있다고 고백하는 것, 그것이 믿음입니다. 그것이 하나님의 사랑에 대한 감사와 찬양입니다.

어느 날 칼 터틀 목사는 두 달 된 아기를 안고 있다가 자기도 모르게 무한한 사랑이 가슴에서부터 솟구치는 것을 느껴 안고 있는 아기에게 말했습니다. "재커리, 나는 너를 사랑한다. 내 마음을 다해 너를 사랑한다. 무슨 일이 생기더라도, 언제나 보호해 줄게. 나는 언제나 너의 아버지이고, 너의 친구가 될 것이다."

그 순간, 칼은 자신이 하나님의 팔 안에 안겨 있음을 느꼈습니다. 그리고 하나님께서 말씀하셨습니다.

"칼, 너는 내 아들이다. 나는 너를 사랑한다. 네가 무슨 일을 하더라도, 어디를 가더라도, 항상 너를 사랑하고 인도할 것이다."

나의 감사

"항상 우리를 그리스도 안에서 이기게 하시고 우리로 말미암아 각처에서 그리스도를 아는 냄새를 나타내시는 하나님께 감사하노라" (고린도후서 2장 14절)

하이든의
찬양지휘

"나는 기도할 때마다 '하나님, 하나님이 내 삶의 주인이십니다.
하나님이 내게 지혜를 주셔서 아름다운 음악을 작곡하게 되면,
이것은 하나님의 영광을 위해서 작곡한 것이며 하나님의 영광을 위해서
이 음악을 주님 앞에 드릴 것입니다.'라는 기도를 드립니다."

조셉 하이든에게 그 놀라운 작곡의 영감을 어디에서 얻는지 물었더니 이렇게 대답했다고 합니다.

"나는 늘 '하나님, 하나님이 내 삶의 주인이십니다. 하나님께서 내게 지혜를 주셔서 아름다운 음악을 작곡하게 되면, 이것은 하나님의 영광을 위해서 작곡한 것이며 하나님의 영광을 위해서 이 음악을 주님 앞에 드릴 것입니다.'라는 기도를 드립니다."

하이든은 교회에서 성가대를 지휘했습니다. 그가 성가대를 지휘할 때는 성가대원들이 춤을 추면서 즐거이 노래를 불렀으며, 예배드리는 회중들도 함께 찬송했습니다.

어느 날 이웃 교회의 목사님이 하이든을 만나 물었습니다.

"당신은 성가대를 지휘할 때, 춤을 춘다는데 사실입니까?"

하이든이 대답했습니다.

"네, 목사님. 저는 하나님을 생각하면 그저 감사하고, 기쁘고, 즐겁고, 미소가 저절로 나옵니다. 그래서 제가 작곡할 때에는 연필도 춤을 추고, 노트도 춤을 춥니다. 그러니 제가 성가를 지휘할 때 춤을 추는 것은 당연합니다."

그의 곡 가운데 성경의 창세기와 존 밀톤의 '실락원'에 근거해서 작곡 한 '천지창조'라는 유명한 곡이 있습니다.

이 곡이 비엔나에서 공연되던 날입니다. 하이든은 몸이 몹시 아파 공연장 뒷자리에 조용히 앉아 있었습니다. 지휘자는 정말 놀랍게 이 음악을 하나님 앞에서 지휘했고, 연주가 끝났을 때 수많은 사람들이 일어서서 지휘자에게 박수를 보냈습니다. 그때 지휘자는 청중들의 박수를 중단시키면서 뒷자석 발코니에 앉아 있는 하이든을 가리킵니다. 그리고 이렇게 말했습니다.

"저 사람입니다. 저 분이 이 놀랍고 아름다운 음악을 작곡했습니다."

청중들이 하이든을 바라보며 일제히 일어나 박수를 보내자 하이든이 갑자기 청중들의 박수를 중단시키면서 말했습니다.

"아니오! 나는 아무것도 아닙니다. 그분이 모든 것입니다. 이 모든 것은 하늘로부터 온 것입니다. 주님께서 나에게 지혜를 주셨습니다. 그분께만 영광을 돌리십시오."

생각의
조각보

어느 저녁 무렵, 한 노인이 손자와 함께 호숫가에 앉았습니다. 많은 이야기를 나누었습니다. 계절은 왜 바뀌고, 여자들은 왜 지렁이를 싫어하며, 인생이란 무엇인가 등등. 마침내 손자가 할아버지께 물었습니다.

"할아버지, 하나님을 본 사람이 있나요?"

그 노인은 잔잔한 호수 건너편을 바라보며 대답했습니다.

"얘야, 나는 이제 점점 하나님 이외엔 아무 것도 보이지 않는단다."

나의 감사

"우리가 감사함으로 그 앞에 나아가며 시를 지어 즐거이 그를 노래하자" (시편 95편 2절)

주 안에 있는
나에게

깊은 회한과 애통이 그녀의 입술에서 터져 나왔습니다. 그리고
불평과 증오로 가득한 나날을 보낸 자신의 모습을 회개하기에 이르렀습니다.
그 때 지은 시가 바로 '주 안에 있는 나에게' 입니다.

엘리자 히윗Eliza E. Hewitt 여사가 교사로 있던 학교에 아주 불량한 문제 아가 있었습니다. 1887년 어느 날 그 아이를 타이르던 중, 그 학생이 장난으로 슬레이트를 가지고 히윗의 등을 쳤는데, 그만 척추를 다치고 말았습니다. 이 불의의 사고로 히윗은 그 해 겨울부터 이듬해 여름까지 7개월 동안 병상에서 꼼짝 못하게 되었습니다.

희윗은 원래 경건하고 굳건한 믿음의 사람이었지만, 병상에 누워 상반신을 석고 붕대로 싸매고 다른 사람의 손을 빌려 대소변을 받아 내야 하는 오랜 투병 생활로 신앙이 약화되어 현실에 대한 원망이 쌓여 갔습니다. 신경이 날카로워지고 매사에 짜증을 부렸습니다. 원수를 은혜로 갚아야 한다는 것을 잘 알면서

도, 마음속에는 가해 학생에 대한 증오와 미움이 가득한 채 우울한 나날을 보내고 있었습니다.

어느 화창한 봄날 아침, 희윗은 병실 청소를 하는 아주머니가 빗자루질을 하면서 콧노래를 부르고 즐거워하는 모습을 보았습니다. 따분히 누워 심사가 뒤틀려 있던 히윗 여사 눈에 흑인 청소부의 태도가 거슬렸습니다.

"이봐요, 청소부 주제에 뭐가 그리 좋다고 찬송하는 거예요?"

버럭 역정을 내는 히윗에게 흑인 청소부는 이렇게 말했습니다.

"좋지 않다니요? 나에게 닥친 모든 어려운 형편과 처지가 찬송으로 바뀔 수 있는 힘을 주님이 주셨으니 즐거울 수 밖에요."

이 말을 듣는 순간, 히윗은 감전된 듯한 충격에 휩싸였습니다. 그리고 도전을 받게 되었습니다.

"그렇다. 평생 주님의 일을 해 온 나에게 이런 시련이 닥쳐 왔다고 원망만 하지 않았던가. 저 사람보다 내가 더 나은데, 직업도 환경도 사는 것도 다 나은데 왜 내가 낙심하고 포기하고 있지? 그래도 하나님을 믿는 사람인데."

깊은 회한과 애통이 그녀의 입술에서 터져 나왔습니다. 그리고 불평과 증오로 가득한 나날을 보낸 자신의 모습을 회개하기에 이르렀습니다. 그때 지은 시가 바로 찬송가 '주 안에 있는 나에게'의 가사가 되었습니다.

이후부터 그녀의 투병 생활은 기쁨과 찬송의 연속이었습니다.

자신도 모르게 육체의 아픔은 제거되었습니다. 또한 가해를 한 학생도 용서하고 사랑할 수 있는 마음의 여유를 갖게 되었습니다. 완전히 건강을 회복한 그녀는 많은 찬송가 작사와 청소년 선도에 일생을 바쳤습니다.

히윗은 필라델피아에서 출생했으며, 교육대학을 수석으로 졸업한 후 교사가 되었습니다. 주 중에는 공립학교 교사로, 주일에는 어린 영혼들에게 말씀을 전하는 주일학교 교사로 헌신했습니다. 평생 독신으로 살면서 그리스도를 본받아 진정한 형제애를 실천했고 주일학교 사역에도 남다른 관심을 가지고 봉사했습니다.

그녀의 찬송시 대부분은 주일학교를 위한 것입니다. 병약한 가운데서도 주옥같은 찬송시를 많이 남겨 오늘날도 널리 불리고 있습니다. 그녀의 주요 찬송시로는 '변찮는 주님의 사랑과', '예수 더 알기 원하네', '내 임금 예수 내 주여', '내 영혼에 햇빛 비치니', '주께서 문에 오셔서' 등이 있습니다.

> 주 안에 있는 나에게 딴 근심 있으랴
> 십자가 밑에 나아가 내 짐을 풀었네
>
> 그 두려움이 변하여 내 기도 되었고
> 전 날의 한숨 변하여 내 노래 되었네
>
> 내 주는 자비하셔서 늘 함께 계시고

내 궁핍함을 아시고 늘 채워주시네

내 주와 맺은 언약은 영 불변하시니

그 나라 가기까지는 늘 보호 하시네

(후렴) 주님을 찬송하면서 할렐루야 할렐루야

내 앞길 멀고 험해도 나 주님만 따라가리"

하나님의 자녀들의 삶에서는 성공이나 실패나 기쁨이나 좌절이나 모든 것이 합력하여 선을 이룸을 믿습니다. 하나님께서 우리 삶을 지키시며 완성해 가시는 것입니다. 그래서 우리는 범사에 감사할 수 있습니다. 범사에 기쁜 찬양을 드릴 수 있는 것입니다.

생각의
조각보

영국에서 미국으로 가는 여객선이 폭풍우를 만나 침몰 위기에 처하게 됐습니다. 사람들은 삶과 죽음의 기로에서 새파랗게 질려 있었습니다. 하지만 한 할머니만은 태연히 기쁘게 찬송만 부르고 있었습니다. 사람들이 어떻게 이런 상황에서 기쁘게 찬송을 부를 수 있냐고 물었습니다.

할머니는 이렇게 대답했습니다.

"큰 딸은 천국에 있고, 둘째 딸은 미국에 있습니다. 여기서 죽으면 큰 딸 만나러 천국에 가게 될 것이고, 살게 되면 미국에 있는 딸을 만나게 되니 이래저래 기쁩니다. 모든 것은 하나님의 섭리입니다."

나의 감사

"내가 야훼께 그의 의를 따라 감사함이여 지존하신 야훼의 이름을 찬양하리로다" (시편 7편 17절)

큰 사랑이 작은 인간에게 부딪칠 때

하나님 아버지,
당신의 사랑이 인간에게 주어질 때
꼭 웃음으로만 주어지지는 않습니다

지극히 큰 사랑이
지극히 작은 인간에게 부딪칠 때
그것은 혹은 눈물로,
혹은 역경으로,
혹은 순경(順境)으로
시시각각 변모되어 주어지는 것을 보니

인간사가 다 찬미의 곡(曲)이며
우주에 있는 만물이 다 나와
합주를 하는 것 같고
세간의 뭇 괴로움과 닥치는 역경이
다 나에게 찬송을 지어주시니

이제 나에게는 불평이 없습니다

− 소록도 어느 한센병 환자

감사, 행복의 샘

초판 1쇄 인쇄 2013년 11월 20일
초판 1쇄 발행 2013년 11월 25일

지은이 이 영 훈
펴낸이 박에스더
펴낸곳 아름다운동행
등록일 2006년 10월 2일 등록번호 제 22-2987호
주소 서울시 서초구 효령로 304번지 (서초동) 국제전자센터 1509호
전화 02-3465-1520-2 **팩스** 02-3465-1525
홈페이지 www.iwithjesus.com
ISBN 978-89-965280-2-9